하나님의 속삭임

평범한 여인이 본
비범하신 하나님의 모습

캐롤 메이홀

네비게이토 출판사

네비게이토 선교회는
국제적이며 복음적인 기독교 기관이다.
예수 그리스도께서는 자기를 따르는 자들에게
"너희는 가서 모든 족속으로 제자를 삼으라"
(마태복음 28:19)는 지상사명을 주셨다.
네비게이토 선교회는 세계 모든 국가에서
예수 그리스도의 일꾼들을 배가시켜
이 지상사명의 성취를 돕는 것을
근본 목표로 하고 있다.

네비게이토 출판사는
네비게이토 선교회의 문서 선교를 담당하고 있다.
본 출판사에서는 그리스도인의 영적 성장을 돕는
서적과 자료들을 출판하여,
그리스도인의 삶의 기초가 견고한
헌신된 제자로 성장하게 하고,
나아가 성숙한 인격과 지도력을 갖춘
일꾼이 되도록 돕고 있다.

When God Whispers

*Glimpses of an
Extraordinary God
By an
Ordinary Woman*

Carole Mayhall

Translated by permission
Title originally published in English as
WHEN GOD WHISPERS by NavPress,
a ministry of The Navigators.
©1994 by Carole Mayhall
Korean Copyright ©1996, 2022
by Korea NavPress

차 례

시작하는 말   9

제1부 나의 일상생활을 초월하시는 하나님
 1 평범해도 좋다   15
 2 초원의 종달새   19
 3 명함   23
 4 제대로 된 게 하나도 없어   27
 5 권태   31
 6 음미   35

제2부 나의 피곤을 변화시켜 주시는 하나님
 7 워드 프로세서의 교훈   43
 8 무력함   47
 9 배신   53

10 피곤　59
11 험한 길　63

제3부 나의 신뢰를 기뻐하시는 하나님

12 재회　71
13 문　77
14 유혹　81
15 정말 원하십니까?　85
16 왜 약이 안 듣지?　89
17 하나님께 귀를 기울임　93

제4부 나의 좌절을 어루만지시는 하나님

18 상처 입은 튤립　99
19 공을 떨어뜨렸어요　103
20 외양의 행복　109
21 불평　113
22 고통　117

제5부 나의 찬송 중에 승리하시는 하나님

23 결혼식　125
24 어머님, 감사합니다　131
25 장기적 승리　135
26 환영　141
27 넘치는 감사　145
28 주 안에서 기뻐하라　149
29 경이감　153

제6부 나의 공허감 중에 고통하시는 하나님
  30 진지하지만 틀림　　159
  31 공허감을 채움　　163
  32 좋지 않은 날　　167
  33 나를 볼 수 없어요　　169
  34 결코 혼자가 아님　　175

제7부 나의 자원함을 칭찬하시는 하나님
  35 주님께서 말씀하셨기 때문에　　181
  36 개 조심　　185
  37 양　　191
  38 지금은 거울로 보는 것같이 희미하나　　195
  39 종의 특징　　201
  40 너무도 크고 놀라워서　　205
  41 오늘 내가 한 게 뭐지?　　209
  42 붉어진 내 얼굴　　213

끝맺는 말
  43 봄을 즐길 자격이 없어요　　221

지극히 평범한 여인이
비범하신 하나님을
볼 수 있도록 도와준
귀한 친구들에게
이 책을 바칩니다.

시작하는 말

세상에는 나와 같은 사람이 많을 것입니다.
바깥일 때문에 분주히 돌아다닙니다.
안에서도 분주합니다.
마음속의 평안과 고요함을 원합니다.
때론 지치고 피곤하며, 좌절감이 엄습하고… 괜스레 마음만 바쁘고 정신없습니다.
기쁨이 어디론가 사라진 것 같고, 자기가 쓸모없고, 곤핍하고, 평범하다는 느낌을 받기도 합니다.
그러나 지치고 공허한 순간들에도 간절히 하나님의 음성을 듣고 싶어 합니다.
하나님께서는 굉장한 방법으로 자신을 드러내실 경우가 그리 흔치 않습니다. 대개는 거대한 파도가 아니라, 인생의 해변가에 잔잔히 밀려오는 파도처럼 보이는, 평범함에서 약간 벗어나는 순간을 통해 자신을 나타내십니다.

거룩한 산에서 빽빽한 구름과 불 가운데 임하시는 하나님을 직접 볼 수 있는 인간은 없습니다(출애굽기 19장 참조). 대신에 매일 하는 일과 놀이와 묵상을 통해 하나님을 볼 수 있습니다.

우리 중에 모세가 불타는 떨기나무 앞에 섰을 때 느꼈던 것과 같은 경이감을 경험한 사람은 거의 없을 것입니다. 또한 하나님께서 모세를 바위틈에 두시고 지나가실 때 모세가 보았던 것과 같은 하나님의 놀라운 영광을 본 사람도 아마 없을 것입니다.

그러나 하나님은 자기를 찾는 자들에게 자신을 보여 주십니다. 모세와 똑같지는 않지만, 우리는 이미 하나님을 보았습니다. 우리 마음속에 잔잔히 말씀하시는 성령의 음성을 들었습니다. 우리에게 스쳐 지나간 수많은 순간에 하나님의 임재하심을 느낄 수 있었습니다. 환희와 기쁨과 고통과 사랑과 슬픔과 실망과 희망의 순간들, 그리고 매일매일 일어나는 수많은 사건들 속에서 하나님의 역사하심을 볼 수 있었습니다.

나에겐 하나님 그분 자신의 모습이 잠깐잠깐씩 보였다고 할 수 있습니다. 지나간 삶을 돌아보면 몇 차례의 놀랄 만한 순간들이 있기는 하지만, 대개의 경우 날마다 일어나는 평범한 일 속에서 하나님을 보았으며, 그분의 교훈을 배울 수 있었습니다.

이 글은 매일 일어나는 평범한 일에 관한 것입니다. 하나님께서는 평범하고, 단조로이 반복되는 나의 일상생활 속에서 말씀하고 계십니다.

이 책은 그런 하나님의 속삭이시는 음성을 기록한 것입니다. 평범한 한 여인에게 들려온 사랑의 속삭임입니다.

시작하는 말

아래 나온 사람들은 나의 삶에 하나님을 나타내어 준 소중한 사람들입니다.

- 남편
- 사위
- 손녀
- 딸
- 손자

하나님의 속삭임

제1부

나의 일상생활을 초월하시는 하나님

우리가 다 수건을 벗은 얼굴로
거울을 보는 것같이 주의 영광을 보매
저와 같은 형상으로 화하여 영광으로 영광에 이르니
곧 주의 영으로 말미암음이니라.
고린도후서 3:18

우리는 대개 평범이란 단어를 싫어합니다.
우리는 보통이란 단어를 멸시합니다.
우리는 일상적이며 단조로운 것을 혐오합니다.

그러나 나는 그런 분위기 속에서 살아갑니다.
그리고 바로 내가 그러한 사람입니다.

"평범한" 일상생활 속에서 하나님을 보기 전까지
나는 실망으로 가득 차 있었습니다.
그러나 내가 평범하고 흔히 일어나는 일 속에서
하나님을 보게 되었을 때,
평범한 일 속에서도 영광이 임재하고 있음을
증언할 수 있게 되었습니다.
바로 예수님 때문입니다!

1
평범해도 좋다

비와 눈이 뒤섞인 길을 3일 동안이나 자동차로 여행하며 매일 다른 곳에서 잠을 자고 난 이후라 그날 아침에는 특히나 옷차림이 형편없었습니다. 전쟁 소식이 들려와 마음이 편치 않았습니다. 그러나 주말에 있을 수양회를 위해 마음을 가다듬고 "기분 좋은" 상태가 되어야 했습니다.

그날 아침 자동차 안에서 에베소서를 읽었습니다. 2:10 말씀에서 눈이 멎었습니다. "우리는 그의 만드신 바라."

더러워진 스웨터, 얼룩진 바지를 내려다보았습니다. 헝클어진 머리를 손으로 매만지며, "주님, 형편없는 작품이군요!"라고 생각했습니다. 그때 한 손이 나타나 내 입을 막는 장면이 떠올랐습니다. 그러더니 이런 불경한 생각을 해서는 안 된다는 음성이 들렸습니다.

"너는 내가 만든 나의 작품이다." 마음속에 다시금 소리가 들려왔습니다. "나는 아무것도 불완전하게 만들지 않았다."

"주님, 저를 만드실 때 조금도 실수하지 않으셨지요?"라고 나는 조용히 반문했습니다.

"그렇다, 애야"라고 주님의 응답이 들려왔습니다.

"주님, 혹시 저를 만드실 때 여러 가지 일로 마음이 분산되어 하고 계시던 일을 잊진 않으셨겠죠?"

"그렇다, 애야."

"그렇다면 이것은…." 자동차 안의 거울로 나의 모습을 슬쩍 보았습니다. "정말 정성을 다하여 만드셨어요?"

"그렇단다. 계속 읽어 나가면 설명해 주마."

그다음 말씀을 읽었습니다. "그리스도 예수 안에서 선한 일을 위하여 지으심을 받은 자니, 이 일은 하나님이 전에 예비하사 우리로 그 가운데서 행하게 하려 하심이니라."

아하!

"주님, 제가 제대로 이해하고 있는지 한번 보세요. 이렇게 엉성하게 보이는 진흙 토기도 이미 주님께서 저를 위해 계획하신 선한 일을 위하여 가장 유익하게 쓰이도록 만들어졌단 말씀이지요, 주님?"

"바로 그렇단다."

"하지만 주님…."

"캐롤, 이제 그만 정리하자." 하나님께서는 제 마음에 강한 어조로 말씀하셨습니다. "만약 내가 너로 아름다운 얼굴을 갖도록 했다면 사람들은 너를 감탄하며 쳐다볼 것이다. 네게 눈에 띄는 재능을 주었다면 사람들은 놀랄 것이다. 부잣집에 태어나게 했다면 부러움을 살 것이다. 그리고 뛰어난 머리를 주었다면 너는 상아탑에서 높은 위치에 올랐을 것이다.

"캐롤, 나는 이 모든 것 대신에 네게 약간 모난 면을 주었고,

평범한 얼굴과 보통 사람의 능력과 그리 주목받을 만하지 못한 재능을 허락하였다. 너도 알다시피 내가 미리 너를 위하여 준비한 선한 일을 위해서는 보통의 평범한 여인이 필요했다. 너와 동일한 수많은 다른 사람들과 동일시할 수 있도록 하기 위해서이다."

그때 나는 그 수양회에 참석하기 위해서 먼 길을 달려온 많은 여성들이 얼룩진 바지와 헝클어진 머리…를 하고 있을 것이라는 생각이 들었습니다. 그래, 그들을 위한 좋은 소식이 있어!

"주님, 평범한 것도 괜찮다는 말씀인가요?"

"사랑스런 딸아, 평범이란 단어는 내 사전에는 없단다. 내게는 모든 자녀들이 특별하단다. 너도 마찬가지야!"

주님, 주님께서 저를 만드실 때 정성을 다하여 완벽하게 지으셨음을
인하여 감사드립니다. 주님께서는 저를 독특하게 지으셨습니다.
제가 이런 특별한 작품임을 인하여 또한 감사를 드립니다.
제게 있는 모든 것을 바로 오늘 주님의 나라를 위해 드림으로써
주님의 지으신 솜씨를 찬양할 수 있도록 도와주시옵소서.

우리는 그의 만드신 바라. 그리스도 예수 안에서 선한 일을
위하여 지으심을 받은 자니, 이 일은 하나님이 전에 예비하사
우리로 그 가운데서 행하게 하려 하심이니라.

에베소서 2:10

제1부 나의 일상생활을 초월하시는 하나님

2
초원의 종달새

어느 화창한 봄날이었습니다. 눈앞에 펼쳐진 아름다운 광경에 그만 넋을 잃었습니다. 자연 그대로 한 폭의 아름다운 풍경화였습니다. 산에는 흰 눈이 덮였고, 은빛 물결처럼 반짝거리는 들판에는 꽃들이 눈부시게 피어 있었습니다. 그림같이 멋진 시골길을 지나가다가 우리는 깔끔하게 정돈된 농장을 보았습니다. 깨끗한 울타리로 둘러싸인 그 집에는 다음과 같은 예쁜 글씨가 붙어 있었습니다.

조용히 운전하여 주세요 ♫

뒤에는 음표가 붙어 있었습니다. 우리는 그 이유를 몰라 궁금했는데, 50미터쯤 더 가서야 알아챌 수 있었습니다. 음표가 몇 개 더 붙어 있었고, 다음과 같이 씌어 있었습니다.

종달새가 노래하고 있어요 ♫♪♫♪

나는 남편에게 서둘러 말했습니다. "차를 길가에 대고 멈추세요! 엔진을 끄세요!" 우리는 조용히 앉아서 귀를 기울였습니다. 그러자 종달새 우는 소리가 들려왔습니다!

살다 보면 가던 길을 멈추고 길가에 서서 내 주위에서 큰 소리를 내며 움직이는 엔진을 끄고 귀를 기울여야 할 때가 있습니다. 하나님의 음성에 귀를 기울이며… 그리고 하나님의 종달새가 노래하는 것을 잘 들어야 할 때가 있습니다.

그러나 우리는 대개 너무 빨리 달립니다. 멈추기에는 너무 바쁩니다. 너무 속도를 내어 급히 달리기 때문에 들을 겨를이 없습니다.

오늘 아침에 친숙한 시편 하나를 읽었습니다. 한숨 돌리며 고요히 쉬게 하는 시편입니다.

> 여호와는 나의 목자시니
> 내가 부족함이 없으리로다.
> 그가 나를 푸른 초장에 누이시며
> 쉴 만한 물가으로 인도하시는도다.
> 내 영혼을 소생시키시고
> 자기 이름을 위하여 의의 길로 인도하시는도다.
>
> 시편 23:1-3

분주하게 돌아가는 나날 속에서 나는 단지 굉음을 내는 엔진 소리와 삐걱거리는 소리만을 듣습니다. 그러는 사이에도 하나님의 종달새는 계속 노래를 하고 있습니다. 내가 그 노랫소리를

제1부 나의 일상생활을 초월하시는 하나님

듣지 못한다면, 어떻게 나의 마음이 기쁨을 누리고, 나의 심령이 힘과 위로를 얻으며, 나의 영혼이 쉼을 누릴 수 있겠습니까? 내가 변속 기어를 높이고 빨리 달리는 길로만 가고 있을 때, 어떻게 하나님께서 나를 잔잔한 물가로 인도하실 수 있겠습니까? 내가 예수님의 발 앞에 앉아 시간을 보내지 않으면, 하나님께서 어떻게 나의 영혼을 소생시킬 수 있겠습니까?

하나님 아버지, 분주한 나날 속에서 이것저것 일에 매달려 있을 때, 세상의 굉음 속에 둘러싸여 있을 때, 저로 하여금 길가에 차를 대고 엔진을 끄고 나서는 주님과 주님의 종달새에 귀를 기울일 수 있도록 도와주소서.

아침에 나로 주의 인자한 말씀을 듣게 하소서.
내가 주를 의뢰함이니이다.
나의 다닐 길을 알게 하소서.
내가 내 영혼을 주께 받듦이니이다.

시편 143:8

하나님의 속삭임

제1부 나의 일상생활을 초월하시는 하나님

3
명함

"**명**함 있으세요?"

정장 차림의 한 여인이 갑자기 내게 질문을 했습니다. 멋있게 화장을 한 여인이었습니다. 나는 얼굴을 붉혔습니다.

"아뇨. 하지만 메모지 같은 게 있으시면 주소를 써 드리지요"라고 대답했습니다. 두툼한 내 지갑에 메모지 한 장 없다는 사실도 실망이 되었습니다.

다시 유행이군. 요즈음에는 모든 사람이 명함을 가지고 있나 보군? 나만 빼놓고 말이야. 속으로 생각했습니다.

마음속이 다시 분주해지기 시작했습니다.

"어디 보자. 난 명함에 뭐라고 쓰지?" 나는 혼잣말을 했습니다.

그림을 그리는 날에는 다음과 같을 것입니다.

캐롤 메이홀 / 서투른 화가

집안일을 분주히 하고 있을 때는 다음과 같이 쓸 것입니다.

캐롤 메이홀 / 바쁜 주부

컴퓨터 앞에 앉아 글을 쓰는 날에는…

캐롤 메이홀 / 작가

그래, 이게 좋겠다. 그런데 이것을 다른 사람들이 이해할까? 그러고는 계속 생각을 진전시켰습니다. **만족한 아내**는 어떨까? (아니야. 마치 배부른 뚱뚱보 돼지처럼 들려.) **행복한 아내**는? (아니야. 이건 마치 무슨 샐러드드레싱 이름 같아.)

아, 알겠다. **사랑받는 아내와 엄마**. 아니, 이건 묘비에 쓰는 문구 아냐?

아, 생각났다.

셰익스피어의 문구를 인용해야겠다.

캐롤 메이홀 / 공연한 법석쟁이

이런 식으로 나간다면 결국에는 실망과 당혹스러움만 더할 뿐임을 깨달았습니다. 그래서 마지막으로 다음과 같은 결론에 도달하였습니다. 즉, 내가 만약 명함을 인쇄한다면 다음과 같이 쓸 것입니다.

캐롤 메이홀 / 하나님의 자녀

제1부 나의 일상생활을 초월하시는 하나님

하나님 아버지, 비록 제 삶이 여러 복잡한 역할과 책임들로 꽉 차 있지만, 마음속에 항상 주님의 자녀라는 사실을 기억하고 경이감 가운데 지낼 수 있도록 도와주시옵소서.

하나님께서 하신 일을 생각해 보십시오. 세상이 창조되기 전에 하나님께서는 우리를 택하셔서 우리로 하여금 그리스도 안에서 하나님의 변함없는 보살핌을 받으며 거룩하고 흠 없는 자녀로 살게 하셨습니다. 하나님께서는 우리를 사랑하셔서 예수 그리스도로 말미암아 그분의 자녀가 되도록 계획하셨습니다.… 그리고 깜짝 놀랄 사실이 있습니다. 우리는 언젠가 하나님과 함께 있게 될 모든 이들 가운데서 유업을 받을 것을 이미 약속받았다는 것입니다.

에베소서 1:4-5,10, 필립스역

하나님의 속삭임

4
제대로 된 게 하나도 없어

교회에서 개최하는 여성 수양회에는 유쾌한 시간을 갖는 순서가 항상 있기 마련인데, 즐겁고 놀라운 시간이었습니다. 촌극. 찬송. 오락. 그리고 마지막을 장식하기 위하여, 멋지게 차려 입은 여인이 나와서 계절에 맞는 색깔과 화장과 새로운 패션에 대하여 보여 주는 시간을 가졌습니다.

주일 아침에 일어나자마자 나는 늘 하던 대로 했습니다. 거울을 바라보고는 혼자 중얼거렸습니다. "화장이 전혀 어울리지 않아. 눈에서 멀어질수록 엷게 하고, 중앙으로 갈수록 더 연하게 해야 한다고 했어. 파운데이션도 피부 빛깔보다 조금은 더 밝아야 돼."

붉은색 정장을 입은 후에 생각했습니다. "이 옷의 길이는 4년 전에나 맞는 거야! 그리고 다른 사람에게 잘 어울리는 색깔이야." (이 옷을 살 때 노란색이 좀 더 강했으면 했지만, 그때는 마음에 꼭 들어 사고 말았습니다.)

생각이 꼬리에 꼬리를 물었습니다. "이 스카프도 한물갔어. 그 강사 말대로, 올해엔 '단순한' 게 유행인데, 이건 너무 '울긋불긋해.' 단지 구색만 갖추었을 뿐이지 쓸 만한 게 없어. 안경도, 시계도 안 어울려. 재킷은 딱 벌어져 있고, 이게 뭐야. 제대로 맞는 게 있나? 제대로?"

거울을 다시 보았습니다. 제대로 된 것이 하나도 없다는 생각이 들었습니다. 어쩐지 모든 게 어색하고 촌스럽게 보였습니다.

그때 마음 한구석에서 성경 말씀이 떠올랐습니다. 시편 말씀이었습니다. 말씀을 생각하니, 나의 행동에 웃음이 났습니다. "여호와여, 주는 나의 방패시요 나의 영광이시요 나의 머리를 드시는 자니이다"(3:3). "나를 또 넓은 곳으로 인도하시고 나를 기뻐하심으로 구원하셨도다"(18:19). 하나님께서 나의 영광이시요 나를 기뻐하신다면 내가 유행에 맞지 않는 스카프를 맨들 무엇이 문제가 되겠습니까?

그리고 하나님께서는 "나의 머리를 드시는" 분이라고 했습니다. 다음과 같은 상상을 했습니다. 실망에 빠져 고개를 떨굽니다. 그때 주님께서 부드럽게 내 턱에 손을 대시고는 나의 얼굴을 들어 주님을 바라보게 하십니다. 그러고는 "기뻐해라, 애야. 내가 너를 사랑한단다"라고 말씀하십니다.

이는 내가 자주 기억해야 하는 교훈입니다. 몇 년 전에 개인의 가치에 대한 말씀을 들은 적이 있습니다. 우리 대부분은 '남들이 나를 어떻게 보느냐'에 따라 자신의 가치를 정한다고 하였습니다. 사람들은 흔히 우리를 평가할 때 우리의 외모, 우리의 능력, 그리고 우리의 지위라는 세 가지 관점에서 바라봅니다. 우리도 대개 그렇습니다. 우리는 이 세 가지 중에서 적어도 한 가지 정도는 부족합니다. 그러면 세 다리로 된 이 의자는 균형을 잃고 무너지며, 우리의 자존감도 함께 무너집니다.

또한 우리는 다른 사람들의 거울을 들여다보는 대신에 우리를 사랑하시는 하나님의 거울을 지속적으로 들여다보아야 한다고 그 강사는 말했습니다. 하나님의 사랑은 우리를 있는 그대로 받아 주시는 무조건적이며 특별한 사랑입니다. 하나님의 사랑의 거울을 통해 자신을 바라볼 때, 우리는 자신의 "가치"에 대해 염려하고 위축되는 대신에 평안과 안식을 누리게 됩니다. 그리고 사람들 앞에서 당당하고 확신 있게 살며 주님께 감사와 찬양을 드리는 삶을 살게 될 것입니다.

나는 그 말씀을 듣고 깨닫는 바가 많았고, 그 후 날마다 그 말씀처럼 살려고 노력했습니다. 그런데 어느 사이엔가 그 진리를 까맣게 잊었던 것입니다.

자백 기도를 했습니다. "주님, 제가 또 어리석은 생각을 했습니다. 용서하여 주십시오. 주님께서는 저의 안전과 가치의 근거를 주님께만 두라고 수없이 말씀하셨는데도, 오늘 저는 그 말씀을 잊고 잠시 방황하였습니다. 세련된 의상, 아름다운 외모, 훌륭한 재능, 다른 사람의 인정이 아니라, 바로 주님께만 저의 안전과 가치의 근거를 두겠습니다."

나는 끊임없이 이 귀한 진리를 꼭 붙들어야 함을 배웁니다.

특별히 패션 전문가의 강연을 들은 다음에는 더욱 주의해야 합니다!

하나님의 속삭임

아버지 하나님, 저의 초점은 무척이나 빨리 흐려지곤 합니다.
머리로뿐만 아니라 마음으로도, 저의 진정한 안전과 가치가
저의 외모나 능력이 아니라 주님과 주님의 사랑에 있다는 사실을
알게 하여 주소서.

하나님께서는 이 세상을 창조하시기 전에 이미 그리스도를 통해
이룰 일을 정하시고 우리를 하나님의 것으로 택하셨습니다.
그리고 우리를 친히 보시기에 한 점 흠이 없는 거룩한 사람으로
만들려고 작정하셨습니다. 하나님 앞에 서 있는 우리는 그분의
사랑 속에 싸여 있는 것입니다. 하나님의 뜻은 예수 그리스도를
보내 우리 대신 죽게 하시어 우리를 하나님의 가족으로 삼아
주시는 일이었습니다. 그리고 하나님께서는 원하시는 대로 이
계획을 실천하셨습니다. 놀라운 은총과 사랑을 우리에게
쏟아부어 우리를 가장 사랑하시는 아들의 사람이 되게 하신
하나님께 찬양을 드립시다. 하나님의 사랑은 너무도 커서 우리의
죄를 없애시려고 아들의 피를 흘리게까지 하셨습니다. 그리하여
우리는 이 아들을 통해서 구원을 얻은 것입니다. 그리고
하나님께서는 모든 지혜와 총명을 갖게 하는 풍성한 은혜를
주셨습니다.… 이처럼 모든 일을 뜻대로 이루시는 하나님의 그
계획에 따라 우리는 처음부터 하나님의 것으로 선택되었습니다.

에베소서 1:4-8,11, 현대어 성경

5

권 태

우리는 예스런 정취가 나는 식당 안으로 들어갔습니다. 뒤에서 눈보라가 쳤습니다. 돌로 만든 커다란 벽난로 근처의 테이블로 안내를 받았습니다. 활활 불이 타올랐습니다.

커피를 마시며 자연스럽게 물었습니다. "요즈음 어떻게 지내? 특별한 일은 없고?"

친구는 손을 가로 저으며 "특별한 일 없어. 맨날 그냥 그저 그렇지 뭐"라고 말했습니다. 그러고는 아무런 재미가 없다는 듯한 표정을 지었습니다.

뜻밖이었습니다. 이상하다는 생각이 들었습니다. 얼른 수긍이 가지 않았습니다. 친구는 남편을 여읜 후에도 생기를 잃지 않고 매력적인 삶을 살고 있었기 때문입니다. 약간 희끗한 커트 머리에 앳된 모습까지 있어 잘 어울렸습니다. 친구는 연이어서 자기가 많은 일을 하고 있다고 했습니다. 세미나에서 강연을 하고, 성경공부를 인도하며, 부동산에 관계된 과정을 이수하고 있다고 했습니다.

친구는 삶이 지루하고 따분하다고 했습니다. 남편과 사별한 이후 여러 차례 무감각하고 냉랭한 기간이 있었습니다. 생의 열정은 사라졌습니다. 자기가 원하는 면으로 하나님께 쓰임받고 있지도 못하고, 자기에게 성취감이 있는 일에 쓰임을 받고 있지도 못하다고 생각하고 있었습니다. 상당 기간 동안 친구는 하나님께서 정말 자기의 삶에 관심을 가지고 계신지 의구심이 들기도 했었습니다.

친구는 그 주에 내가 만난 사람들 중에서, 인생이 한마디로 말해서 지루하고 따분하다고 한, 두 번째 여인이었습니다.

권태는 기쁨을 빼앗아 갑니다. 권태는 인생의 돛단배를 파선시키지는 않을지라도, 더 이상 전진하지 못하고 절망에 빠지게 할 수 있습니다. 돛단배는 바람을 받아야 힘차게 나아갑니다. 권태는 마치 인생의 돛이 바람을 받지 못하게 막아 버리는 것과 같습니다. 바람을 받지 못한 돛단배는 더 이상 나아가지 못하고 표류하게 됩니다.

나는 커피가 담긴 머그컵을 감싸며 잠언 말씀을 생각했습니다. 지혜(그리스도)가 말합니다. "내가 그 곁에 있어서 창조자가 되어 날마다 그 기뻐하신 바가 되었으며, 항상 그 앞에서 즐거워하였으며, 사람이 거처할 땅에서 즐거워하며, 인자들을 기뻐하였었느니라"(잠언 8:30-31).

그리스도께서 우리 안에 계시기 때문에 이 구절은 우리의 것입니다! 우리는 날마다 기쁨으로 충만해질 수 있습니다. 다시 한번 강조해서 읽어 보십시오. 우리는 날마다 기쁨으로 충만해질 수 있습니다. 그리고 우리에게 기쁨과 즐거움을 주는 것들은 지위나 사역이나 신나는 일들과는 아무런 상관이 없습니다. 그러기에 우리는 일상적인 일들이 반복되는 지루하고 단조로운 나날 속에서도 기쁨과 즐거움을 누릴 수 있습니다.

우리의 영혼에 즐거움을 주는 세 가지가 있습니다. 첫째는 하나님의 임재요, 둘째는 하나님이 창조하신 세계요, 그리고 셋째는 사람들입니다. 언제나 우리와 함께하시겠다고 하신 하나님의 약속은 우리에게 위로와 기쁨을 줍니다. 그리고 하나님이 만드신 다양하고 복잡한 온갖 피조물들 – 꽃, 안개비, 크게 소용돌이치는 구름 등 – 이 우리에게 기쁨을 줍니다. 그런데 사람들이 우리에게 기쁨과 즐거움을 준다고요? 우리가 겪는 어려움들이 대개 사람들과의 관계에서 생기는 것들인데도요? 하지만 우리가 하나님께 구하면, 그들을 통해서도 기쁨과 즐거움을 누릴 수 있도록 도와주실 것입니다. 우리가 젊고 강할 때나 늙고 약할 때나, 혹은 능력이 없고 병중에 있을 때나 상관없이, 이 세 가지는 우리로 기쁨과 즐거움을 누릴 수 있게 해 주는 기쁨의 샘입니다. 기쁨을 누리기 원하면 우리는 언제든지 이 샘에 나아가 기쁨에 흠뻑 젖을 수 있습니다.

언제 어디서나 어떠한 상황에서도.

권태가 내 영혼을 갉아먹으려 할 때 나는 이 말씀을 기억해야만 할 것입니다. 하나님께서는 내 영혼이 항상 기쁨과 즐거움을 누릴 수 있도록 이미 모든 것을 공급해 주셨습니다. 그러므로 권태에는 결코 변명이 있을 수 없습니다!

하나님의 속삭임

아버지 하나님, 제가 불평하고 싶을 때, 주님께서 제게 주신 "일상적인" 생활에 만족하지 못할 때, 환경 그 자체가 문젯거리가 아님을 기억할 수 있도록 도와주소서. 제 영혼의 에너지원에서 플러그가 빠진 것처럼 느껴질 때, 그리고 의미 있는 일들이 심연으로 다 빠져들어 가 사라진 것처럼 느껴질 때, 제가 주님의 기쁨을 구할 수 있도록 도와주소서. 저의 일상생활에 주님께서 의도하신 바가 있다는 사실을 알고, 주님의 임재와 주님께서 지으신 세계와 주님의 사람들을 인하여 새롭고 신선한 즐거움을 누리게 하소서.

그때에 우리 입에는 웃음이 가득하고
우리 혀에는 찬양이 찼었도다.
열방 중에서 말하기를,
여호와께서 저희를 위하여 대사를 행하셨다 하였도다.
여호와께서 우리를 위하여 대사를 행하셨으니
우리는 기쁘도다.

시편 126:2-3

주를 두려워하는 자를 위하여 쌓아 두신 은혜,
곧 인생 앞에서 주께 피하는 자를 위하여 베푸신 은혜가
어찌 그리 큰지요.

시편 31:19

제1부 나의 일상생활을 초월하시는 하나님

음미

찬 장에서 머그컵을 찾아 물을 가득 채우고는 전자레인지에 넣었습니다. 내게 중요한 의미가 있는 컵 세 개 중에서 하나를 고른 것입니다.

컵 하나에는 "예수님께서 당신을 돌보십니다"라고 쓰여 있습니다.

또 하나는 일전에 남편에게 선물로 받은 것인데, 겉에는 "당신은 내게 특별한 존재"라는 글귀가 새겨져 있고, 컵 안쪽 가장자리에는 하트 모양의 무늬와 함께 "당신은 너무도 아름답소"라고 쓰여 있습니다. 마음이 울적한 아침에는 특히 이 문구들이 나를 기분 좋게 해 줍니다!

그리고 친구가 준 게 하나 있는데, "친구는 영원하다!"라는 말이 들어 있습니다.

물이 끓자 무설탕 초콜릿 음료 한 팩을 넣었습니다. 그러고는 조심스럽게 작은 골방으로 가지고 들어갔습니다. 그곳은 주로 주님과 교제를 하는 방이었습니다. 성경을 들고 의자에 앉았습니다. 따뜻한 음료를 한 모금씩 마시며 향을 음미했습니다.

몇 달 전 어느 날 아침, 문득 초콜릿 차를 마실 때처럼 하나님의 말씀을 음미해야 한다는 생각이 들었습니다. 말씀을 한 모금씩 머금고는 이모저모로 맛을 음미해야 하는 것입니다.

초콜릿을 조금씩 마시며 향을 음미할 때 초콜릿은 안으로 들어가 흡수되어 나의 일부분이 됩니다. 새로운 양분을 얻습니다. 마찬가지 현상이 주님의 말씀을 대할 때도 일어나야 합니다.

조금 더. 그리고 더욱 많이.

―◈―

하나님께서는 풍성히 주심에도 나는 조금밖에 누리지 못할 때가 너무나 많습니다!

최근 이사야 55장을 읽으며 골똘히 생각했습니다.

> 너희 목마른 자들아, 물로 나아오라.
> 돈 없는 자도 오라.
> 너희는 와서 사 먹되
> 돈 없이, 값없이 와서 포도주와 젖을 사라.
> 너희가 어찌하여 양식 아닌 것을 위하여 은을 달아 주며
> 배부르게 못할 것을 위하여 수고하느냐.
> 나를 청종하라.
> 그리하면 너희가 좋은 것을 먹을 것이며
> 너희 마음이 기름진 것으로 즐거움을 얻으리라.
>
> (1-2절)

제1부 나의 일상생활을 초월하시는 하나님

이 말씀은 목마른 자들에게 세 가지를 권하고 있습니다. 오라, 사라, 그리고 먹으라. "사기" 위해 한 푼의 돈도 필요치 않습니다. 그냥 가서 위에 약속된 두 가지, 즉 포도주와 젖을 달라고만 하면 됩니다. 그런데 왜 포도주와 젖이라고 했을까요?

조금씩 서광이 비치며 이해할 수 있었습니다. 젖은 우리가 건강하고 활력 있게 살아갈 수 있는 힘을 공급합니다. 바로 삶에 꼭 필요한 것입니다. 반면에 포도주는 성경에서 흔히 축하, 잔치, 기쁨을 위해 사용되었습니다. 그래서 꼭 필요하지는 않지만 가지고 싶은 것을 의미한다는 생각이 들었습니다.

어머니로서 나는 딸아이에게 꼭 필요한 것들을 채워 주어야 할 의무가 있습니다. 그러나 단지 그 애의 마음을 즐겁게 해 주려는 목적으로, 그 애가 좋아하고 재미있어 하는 것, 그 애가 갖고 싶어 하는 것을 줄 때도 있습니다. 그래서 그 애를 깜짝 놀라게 해 줍니다. 그 애가 즐거워하는 것을 보면 부모인 나는 얼마나 기쁜지 모릅니다.

하나님 아버지께서도 이렇게 주십니다. 더욱 많이 주기를 원하십니다. 하나님은 우리와는 비교도 할 수 없을 정도로 완벽하신 아버지이십니다. 이사야서의 말씀처럼, 우리의 필요뿐만 아니라 원하는 것까지, 우리가 건강을 유지하며 살아가는 데 꼭 필요한 것뿐만 아니라 그냥 기쁨을 주는 것들까지 주기를 원하십니다. 하나님께서는 자녀인 우리를 기쁘게 하시는 데서 즐거움을 누리십니다.

한 가지 잊지 말아야 할 것이 있습니다. 우리가 하나님께 구한다 해도 만약 구하는 것이 우리에게 해가 된다면 하나님께서는 주시지 않는다는 것입니다. 우리를 더럽히는 것이나 육신의 정욕에 빠지게 하는 것은 주실 리가 없겠죠.

그러나 하나님께서는 모든 것을 아시며, 조금도 실수가 없으시고 모든 것을 잘하시는 분이며, 언제나 우리를 사랑하시는 아버지이시기 때문에, 우리가 모든 것을 하나님께 구하기를 간절히 원하십니다. "일용할 양식"은 물론이거니와 필요한 것은 무엇이든지 구하기를 원하십니다.

하나님께서는 또한 우리가 추가적으로 갖기 원하는 것들도 구하기 원하십니다. 하나님께서는 우리에게 즐거움을 주는 일을 크게 기뻐하시기 때문입니다.

이 사실을 생각할 때마다 나는 기쁨이 넘칩니다!

주님의 놀라우신 행사를 인하여 찬양을 드립니다.
주님의 거룩하심을 생각하면,
어찌하여 주님께서 제게 이토록 놀라운 은혜와 축복을 베푸시는지
이해할 수 없사오나,
주님의 위대하심을 생각하면,
주님께서는 능히 제게 복을 주실 수 있는 분이심을 깨닫게
되옵나이다.
그리고 주님의 사랑을 기억하면,
주님께서 반드시 저에게 복을 주실 줄을 확실히 아옵나이다.
주님은 어찌 그리 놀랍고 아름다우신지요.
주님께 감사를 드리옵나이다.

그날에 산들이 단 포도주를 떨어뜨릴 것이며
작은 산들이 젖을 흘릴 것이며

유다 모든 시내가 물을 흘릴 것이며
여호와의 전에서 샘이 흘러나와서
싯딤 골짜기에 대리라.

요엘 3:18

하나님의 속삭임

제2부

나의 피곤을 변화시켜 주시는 하나님

여호와여, 주는 나의 방패시요
나의 영광이시요
나의 머리를 드시는 자니이다.
시편 3:3

"너무 피곤하고 힘들어."

우리는 종종 마음속으로 혹은 말로 이런 느낌을 말합니다.
우리 삶의 대부분은 피곤에 싸여 있습니다.

그러나 나는 기쁩니다.
주님께서 나의 피곤함을 이해하시기 때문입니다.
내가 더더욱 기뻐하는 것은,
주님께서 이와 연관하여
놀라운 약속을 해 주셨다는 사실입니다.
주님께서는
"내 은혜가 네게 족하도다.
이는 내 능력이 약한 데서 온전하여짐이라"라고
말씀하셨습니다(고린도후서 12:9).

그러므로 주님께서는 나의 피곤함을
선으로 바꾸어 주십니다.…
정말입니다.

제2부 나의 피곤을 변화시켜 주시는 하나님

7
워드 프로세서의 교훈

"**끝**"이라는 단어를 입력하고 난 후 완성한 몇 페이지의 원고를 컴퓨터에 저장하는 명령을 내렸습니다. 그러자 컴퓨터 화면에 갑자기 메시지가 떴습니다.

　메모리가 부족합니다!!!
　메모리가 부족합니다!!!
　메모리가 부족합니다!!!

"안 돼!" 나는 비명을 지르며 방금 입력한 것을 저장할 공간을 만들기 위하여 기존 파일을 삭제할 방법을 알아보려고 안내서를 뒤적였습니다. 하지만 실패하고 새로 다시 처음부터 원고를 입력해야만 했을 때 정말이지 막막하였습니다. 마치 발로 벽을 걷어찬 기분이었습니다.

얼마 후, 나의 삶이 그와 같은 때가 참으로 많다는 것을 깨달았습니다! 삶이라는 컴퓨터 속에 애써서 전부 다 입력하고 나서 저장 명령을 내렸더니 마음속의 화면에 "메모리가 부족합니다!!! 메모리가 부족합니다!!! 메모리가 부족합니다!!!"라는 메시지가 떠서 내 힘으론 더 이상 어떻게 할 수 없는 때가 있습니다.

컴퓨터나 나의 삶에서 과부하의 문제는 그 원인을 삭제함으로 해결됩니다. 컴퓨터에서는 더 큰 기억 용량의 컴퓨터를 구입하면 문제가 해결됩니다. 그러나 나의 인생은 더 큰 용량을 가진 것으로 바꾸기란 불가능하기 때문에 지속적으로 불필요한 것을 삭제하는 작업을 계속해야만 합니다.

어떤 경우엔 과부하보다도 압도당하는 것이 더 큰 문제일 때가 있습니다. 일이 너무 많은 날이거나 맡은 일이 너무 힘들 때 나는 마음이 억눌려 꼼짝도 못하는 느낌을 받습니다. 때로는 삶 자체가 나를 압도하는 것을 느끼기도 합니다. 선교사 짐 엘리엇은 "하나님의 뜻은 항상 우리가 감당할 수 있는 것보다 크다"라고 말한 적이 있습니다. 나 역시 아버지 하나님께 "주님, 이번에는 왜 그렇게 힘들게 보이죠?"라고 물을 때가 자주 있는데, 그때마다 하나님께서는 변함없이 "내가 다룰 수 없는 것은 하나도 없단다!"라고 말씀하십니다.

결국 나는 하나님께서는 내 힘으로도 감당할 수 있는 작은 것을 내게 주기를 원하지 않으심을 깨달을 수 있었습니다. 내 바구니에는 "캐롤이 감당할 수 있음"이라고 쓴 것은 좀처럼 찾아보기 힘듭니다. 대신 "불가능한 일"이라고 쓰여져 있을 때가 대부분입니다.

다 이유가 있습니다.

자신이 부족하다고 느낄 때라야 나의 능력이 되시는 하나님을 의뢰하게 되며, 하나님께 능력을 구합니다. 내가 그 일을 하

제2부 나의 피곤을 변화시켜 주시는 하나님

기에 충분한 능력이 없다는 것을 알아야 주님의 도우심을 구하게 됩니다. 오직 그때라야 나는 "주님, 도우소서"라고 구하게 되며 고린도후서 12:9의 약속을 경험하게 됩니다. "내 은혜가 네게 족하도다. 이는 내 능력이 약한 데서 온전하여짐이라."

과부하는 나쁩니다.

하지만 압도당하는 것은 좋은 것입니다.

과부하가 걸렸을 때는, 반드시 멈추고 삶에서 불필요한 것을 삭제하여야 합니다. 그러나 내가 압도당할 때⋯ 바로 그때가 나의 약함을 드러내고, 내가 보잘것없음을 인정하고, 나의 무능력 속에서 기뻐하며, 그리고 진실로 나는 아무것도 아니며 오직 하나님만이 나에게 필요한 전부라는 사실을 깨달을 수 있는 좋은 기회입니다.

아버지 하나님, 삶의 압력이 저를 억눌러 올 때, 그 이유가 과부하 때문인지 아니면 압도당하기 때문인지를 알 수 있는 분별력을 허락하소서. 과부하가 걸렸을 때에는 제 삶에서 불필요한 것을 삭제할 수 있는 지혜를 허락하여 주소서.

그리고 제가 압도당하는 느낌을 받을 때에는 저의 약함 속에서 주님의 능력이 온전하게 됨을 이해하고 경험하도록 도와주소서.

너희 속에 착한 일을 시작하신 이가 그리스도 예수의 날까지 이루실 줄을 우리가 확신하노라.

빌립보서 1:6

하나님의 속삭임

8

무력함

마치 굉장히 센 주먹에 명치 부분을 연거푸 두 번이나 얻어맞은 기분이었습니다. 너무도 아파 신음 소리를 낼 정도로 고통스러웠습니다.

먼저는 남동생에게서 전화를 받았는데, 목이 메는 사연을 들었습니다. 그날 아침 아들이 직장에서 일하다가 컨베이어벨트에 감겨 목숨을 잃었다고 했습니다. 아내와 어린 세 자녀를 남겨 둔 채…. 갑자기 모든 계획이 바뀌었습니다. 급히 비행기를 탔습니다. 사랑하는 가족들에게 애도를 표했습니다. 아이들은 당황하며 어쩔 줄을 몰랐습니다. 눈물. 그리고 장례식. 정신없이 오간 대화들. 눈물. 조문객들의 조화. 기진맥진한 상태. 부족한 수면 시간. 걱정하는 친구들. 또 눈물.

고통스러운 며칠을 보낸 후에 나는 집으로 돌아와서 남편의 위로를 받을 수 있었습니다.

3일 후에 두 번째 주먹을 얻어맞았습니다. 남편의 다리에 한

뼘 반 정도 크기의 피멍이 생겼는데, 생명에 위협을 줄 만큼 위험한 것이어서 급히 병원으로 달려가야 했습니다.

또다시 얼룩진 한 주가 계속되었습니다. 두려움에 휩싸였습니다. 조그맣고 답답한 병실에서 오랜 시간을 보내야 했습니다. 여러 계획들이 산산조각 났습니다. 앞으로 어떤 일이 생길지 몰랐습니다. 친구들이 찾아왔습니다. 혼자 자야만 했습니다. 눈물이 났습니다. 감각이 마비되었습니다. 약하고 무력하다는 느낌이 들었습니다.

나는 정말 도움이 필요했습니다.… 힘과 기쁨과 그리고 은혜가 필요했습니다. 아니, 모든 것이 필요했습니다.

나는 마치 물에 빠진 사람이 구명대를 붙잡는 심정으로 성경을 읽기 시작했습니다. 역대하 14장이었습니다. 나는 아사왕이 빠진 곤경이 나의 상황과 어떻게 연관되는지를 깊이 생각해 보았습니다. 더 큰 흥미를 가지고 읽기 시작했습니다. 아사왕은 생명에 위협을 느끼는 위험한 상황에 처했습니다. 구스 군대가 막강한 세력으로 그를 공격하고 있었으며, 지구상에서 그 나라를 아예 없애 버리겠다고 위협하였습니다.

나는 그 상황에 동일시할 수 있었습니다!

나는 아사왕의 기도(역대하 14:11)를 읽고 또 읽었습니다.

여호와여, 강한 자와 약한 자 사이에는 주밖에 도와줄 이가 없사오니, 우리 하나님 여호와여, 우리를 도우소서. 우리가 주를 의지하오며 주의 이름을 의탁하옵고 이 많은 무리를 치러 왔나이다. 여호와여, 주는 우리 하나님이시오니, 원컨대 사람으로 주를 이기지 못하게 하옵소서.

제2부 나의 피곤을 변화시켜 주시는 하나님

그리고 세 번째 읽을 때에는 경이감을 느낄 수 있었습니다. 그러고는 마치 나의 기도처럼 읽었습니다. 내 나름대로 이 기도를 다음과 같이 풀어 썼습니다.

아버지 하나님, 약한 자가 바로 접니다! 저를 에워싼 감정과 약함과 두려움에 대항할 능력이 저에게는 없습니다. 사랑하는 이들이 엄청난 슬픔에 빠졌는데도 저는 아무것도 할 수 없는 약한 자입니다. 남편의 몸에서 전쟁을 일으키고 있는 대적에 대해서도 저는 아무것도 할 수 없는 약한 자입니다.
주님, 주님밖에는 저를 도와줄 이가 없습니다. 알지 못하는 일들, 노화, 압력, 혼란, 슬픔과 분노, 나쁜 병…. 이들이 모두 저의 대적입니다. 이들이 바로 제 앞에 닥친 적군입니다. 너무나 강하여 제 힘으로는 대항할 수 없습니다.
주님, 제가 주님을 의지하오니 저를 도우소서. 원하옵건대 저의 대적들로…

여기까지 쓰다가 멈추었습니다. 나는 당연히 "원컨대 사람으로 나(또는 우리)를 이기지 못하게 하옵소서"라고 되어 있으리라 생각했는데, 그게 아니었기 때문입니다.
문득 한 장면이 떠올랐습니다. 많은 군대와 병거가 언덕 위에서 위용을 자랑하고 있었습니다. 그리고 방어 능력이 없는 한 사람이 골짜기에서 그들의 공격을 기다리고 있었습니다. 그는 더 이상 어떤 싸움도 싸울 수 없을 정도로 무력한 상태에 있었습니다. 그 사람이 떨리는 손을 들고 하늘을 향하여 부르짖었습니다. "누구든 있다면 저를 도와주십시오."
아사왕의 기도를 다시 보았습니다. 그는 "원컨대 사람으로 나

(우리)를 이기지 못하게 하옵소서"라고 기도하지 않고, "원컨대 사람으로 주를 이기지 못하게 하옵소서"라고 기도했습니다. 왜 그랬을까?

아하! 그래, 바로 그거야! 갑자기 다른 장면이 떠올랐습니다. 전과는 전혀 다른 장면입니다. 물론 동일한 대적이 진을 치고 있습니다. 그러나 갑자기 반대편 언덕에서 큰 사람이 나타납니다. 지평선이 어두워지고 적군의 마음에 두려움을 자아냅니다. 어느 누구도 그를 무찌를 수 없습니다. 그는 전능합니다. 난공불락입니다. 그는 바로 하나님이십니다.

물론 그 약한 자(나)가 어디 있는지 당신은 잘 아실 것입니다. 그분의 품에 안겨 적군이 두려워 떨고 있는 것을 바라보고 있습니다.

나는 성경을 꼭 껴안고 울었습니다. 이번에는 약하거나 고통스러워서가 아닙니다. 하나님으로 말미암은 감사와 기쁨의 눈물입니다.

어느 날 갑자기 굉장히 센 주먹이 날아와 우리의 삶을 강타하여 우리는 너무나 고통스러워 신음 소리를 내며 자신의 무력함에 울고 서 있을 수밖에 없는 때가 있습니다. 이때 우리는 눈을 자신에게서 떼어 주님을 바라보아야 합니다. 주님의 말씀을 묵상하며 주님께 부르짖어야 합니다. 그러면 그 고통의 시간은 오래 계속되지 않을 것입니다. 하나님께서 자신의 귀한 말씀을 통해 그분의 능력과 기쁨과 은혜를 우리의 삶 속에 부어 주시기 때문입니다. 그리고 주님께서는 우리를 번쩍 들어 그분의 품에 안아 보호하여 주십니다.

제2부 나의 피곤을 변화시켜 주시는 하나님

아버지 하나님, 어려움이 몰려오고 저는 아무 능력이 없는 약한 자가 될 때에 주님께서 저의 보호자가 되어 주심을 기억하도록 도와주소서. 주님은 저의 피난처이십니다.… 그리고 저를 품에 안아 인도하십니다.

여호와께서 그를 황무지에서,
짐승의 부르짖는 광야에서 만나시고
호위하시며 보호하시며
자기 눈동자같이 지키셨도다.
마치 독수리가 그 보금자리를 어지럽게 하며
그 새끼 위에 너풀거리며
그 날개를 펴서 새끼를 받으며
그 날개 위에 그것을 업는 것같이,
여호와께서 홀로 그들을 인도하셨고
함께한 다른 신이 없었도다.

신명기 32:10-12

하나님의 속삭임

9

배 신

눈물 젖은 티슈가 자그마한 산처럼 내 옆에 쌓여 있었습니다. 나의 아픔의 증거이자 파편처럼 말입니다.

친한 친구가 나를 배반했습니다. 수 주 동안 해결해 보려고 애썼지만 친구는 아무런 반응을 보이지 않았습니다. 친구가 용서를 청하지도 않았지만 나는 그를 용서해 주었습니다. 하지만 친구는 나의 모든 노력을 거부했습니다. 거부의 장벽이 너무나 높았기 때문에 우리가 이전에 즐기던 마음 깊숙한 대화는 불가능해졌습니다. 결국에는 나도 포기하고 말았습니다.

"주님, 다시 갈등이 됩니다. 문제는 용서나 용납의 문제가 아닙니다. 지금 어떻게 관계를 유지하느냐가 문제입니다. 친구는 저와 그저 아는 사이 정도로 지내는 것에 만족하고 있는 것처럼 보입니다. 저는 몇 차례 깊은 대화를 시도했습니다. 그러나 친구는 더 이상 그것에 대해 이야기하고 싶어 하지 않습니다. 그래서 이 추한 문제를 하나도 해결하지 못한 상태입니다. 제가 무엇을 해야만 합니까? 그저 적당한 거리를 두고 예의 바르게 대하기만 하면 될까요? 친구를 만나면 제가 먼저 미소를 지어야 합니까? 아니면 그냥 지나쳐야 합니까?

"무엇인가 귀하고 가치 있는 것을 잃은 느낌입니다. 지금부터는 어떻게 관계를 유지해야 할지 모르겠습니다. 주님, 저를 도와주시옵소서."

마태복음 26장을 펴면서 다시 티슈 한 장을 집어 들었습니다. 그날 아침 읽기로 계획한 부분이었는데, 마치 나의 질문에 대답하시기 위하여 하나님께서 창세전부터 그날 아침의 나를 위하여 마련해 두신 구절처럼 생각될 정도였습니다. 말씀을 통하여 하나님께서는, 예수님을 철저하게 버리고 실제로는 그분을 배반한 친구들을 어떻게 다루셨는지를 보여 주셨습니다.

예수 그리스도께서는 마음이 심히 어려우셨습니다. 너무나 어려워서 "심히 고민하여 죽게 되었다"라고까지 하셨습니다. 우리가 알기로 예수님께서 자신의 이러한 필요를 제자들과 나누신 것은 이것이 유일한 경우라고 생각됩니다. 예수님께서는 베드로와 야고보와 요한에게 자기와 함께 있으면서 자기를 위해 기도해 달라고 긴급한 부탁을 했습니다.

그러나 그들은 잠이 들었습니다.

예수님께서는 그들을 책망하시면서 다시 부탁하셨습니다.

그들은 또다시 잠이 들었습니다.

세 번째 그들이 잠자고 있는 것을 보셨을 때 예수님께서는 그들을 깨우지 않으셨습니다. 그냥 혼자서 기도하러 다시 가셨습니다.

나는 그 전에도 마태복음 26:36-45을 여러 차례 읽었습니다. 그러나 하나님께서는 갑자기 내 영혼에 새로운 진리를 심어 주

제2부 나의 피곤을 변화시켜 주시는 하나님

셨습니다. 나는 하나님의 아들 예수 그리스도의 고민과 더불어, 그런 어려운 상황에서 친구들이 기대에 미치지 못하는 행동을 함으로 말미암은 실망을 느낄 수 있었습니다. 그럼에도 주님께서는 그들을 사랑하셔서 자신의 말할 수 없는 슬픔에는 개의치 않으시고, 다가올 어렵고 힘든 날들에 대비하여 충분히 쉴 수 있도록 하셨습니다. 얼마나 놀라운 사랑과 관심입니까?

나는 기도했습니다. "주님, 주님의 친구들은 주님을 실망시켰습니다. 그들은 주님의 기대를 저버렸습니다. 그들은 주님을 돕지 않았습니다. 그럼에도 주님께서는 그들을 사랑하셨고, 한순간도 그들에 대한 사랑과 관심이 흔들리지 않았습니다."

어느새 눈물이 말랐습니다. 바로 다음 문단의 구절이 선명하게 들어 왔습니다.

나는 물론 그다음 내용을 알고 있었습니다. 자기의 이기적인 목적을 달성하기 위하여 유다는 무리와 함께 다가왔습니다. 주님께 입 맞추고 주님을 배반하였습니다! 예수님께서는 이를 미리 말씀하셨습니다. 주님께서는 어떤 일이 일어날지를 정확히 알고 계셨던 것입니다. 지난 3년 이상 그들은 함께 다녔습니다. 유다는 예수님께서 소경을 고치시고, 문둥병자를 낫게 하시며, 죽은 자를 살리시고, 수많은 필요를 채우시는 것을 보았습니다. 예수님께서는 유다를 친구로서 대하셨습니다. 주님께서는 바로 유다가 자기를 배반하고 죽음에 내어 줄 사람이라는 것을 알고 계셨습니다. 46절에서는 심지어 다른 제자들에게 "나를 파는 자가 가까이 왔느니라"라고 말씀하셨습니다.

그때 유다가 무리 중에서 나와 주님께 다가왔습니다. 그리고 주님께 입 맞추었습니다.

당신이라면 그 순간에 어떻게 했겠습니까?

우리들 대부분은 격렬하게 그를 고소할 것입니다. "배반자!" "사기꾼!" "밀고자!"

고통과 분노를 억누를 수 있는 사람만이 그냥 "유다"라고 부를 수 있을 것입니다.

그런데 놀랍게도 주님의 첫마디는 "친구여!"였습니다. 배반할 수 있도록 허락하는 바로 그 순간이었습니다.

"친구여! 네가 무엇을 하려고 왔는지 행하라"라고 주님께서는 말씀하셨습니다.

그것이 전부였습니다!

곧바로 병사들이 예수님을 붙잡았습니다.

다시금 눈물이 나기 시작했습니다. 이 눈물은 해답을 찾은 기쁨으로 말미암은 해방과 기쁨의 눈물이었습니다.

자신을 실망시키고 기대에 미치지 못했던 제자들에게뿐만 아니라 자기를 배반했던 유다에게까지, 예수님께서는 일관되게 변치 아니하는 사랑을 보여 주셨습니다. 제자들의 행동에 상관없이, 예수님께서는 말씀과 행동을 통해서 끝까지 계속 사랑을 보여 주셨습니다.

주님의 삶은 나의 본이 되어야 마땅합니다. 그러기에 나도 주님과 같은 반응을 보여야겠다고 생각했습니다.

주님, 주님의 완전한 사랑으로 제 마음을 채워 주소서.
주님의 성품을 모든 사람에게 전하는 것을 가장 큰 관심사로 삼도록 도와주소서. 심지어 저를 배반하고 제게 상처를 입힌 사람일지라도, 그리고 그들이 제게 사랑을 요구하지 않을지라도

제2부 나의 피곤을 변화시켜 주시는 하나님

그 사랑을 보일 수 있게 하여 주소서.

서로 인자하게 하며 불쌍히 여기며 서로 용서하기를 하나님이 그리스도 안에서 너희를 용서하심과 같이 하라.

에베소서 4:32

하나님의 속삭임

제2부 나의 피곤을 변화시켜 주시는 하나님

피 곤

멕시코에 선교사로 가 있는 딸 린이 우리 집에 왔습니다. 로스앤젤레스에 안개가 많이 끼어서 비행기가 5시간이나 지연되었고, 그 때문에 잠을 제대로 자지 못하였습니다.

집에 들어설 때 딸아이는 피곤하고 지친 모습이었습니다. 그러면서 "그냥 털썩 주저앉아 포근한 사랑을 받고 싶을 뿐이에요!"라고 말했습니다.

측은한 생각이 들었습니다. "애야, 여기서는 아무것도 하지 않아도 된다. 그저 마음 편히 쉬거라. 그리고 만약 할 일이 있어도 천천히 하면 된단다."

그런데 난 언제 내가 말한 대로 살지?

나는 어떤 것도 천천히 하는 법이 거의 없습니다. 보통 서너 가지 일을 동시에 합니다. 남편도 이를 잘 압니다. 책을 읽으면서 다림질을 하거나, 아니면 설거지를 하면서 텔레비전에서 나오는 뉴스를 봅니다. 가족들이 크리스마스 선물로 무선 전화기를 주어서 이제는 건조기에서 옷을 꺼내어 개는 동안에 친구와 전화로 대화를 나누기도 합니다(이전에는 코드가 길지 않아 이렇게 할 수 없었습니다). 그러고는 혼잣말로 "와, 이거 좋은데!"라고 말합니다. 그러나 과연 좋은 것일까요?

아무것도 하지 않고 조용히 쉰다든지 천천히 하려고 나름대로 훈련을 하고 있지만, 나의 마음은 계속 여러 일을 붙들고 늘어질 때가 많습니다. 마치 개가 헝겊 조각을 물고서는 이리저리 찢고 씹다가는 결국에는 하나도 남지 않는 것처럼 행동합니다. 종종 나의 이런 열정적이고 바쁜 활동 뒤에는 지치고 피곤한 마음만 남을 때가 많습니다. 평안과 안정감이 어디로 사라져 버렸는지조차 모르며, 때로는 아주 오래전에 즐기던 '할 일 없는 날'이 몹시 그리워지기도 합니다.

어제 시장에서 한 여자 아이를 보았습니다. 세상 근심 걱정은 하나도 없이 그저 웃고 달리던 모습이었습니다. 흔히 어린아이들이 그러는 것처럼 아이가 갑자기 넘어지자, 아빠가 일으키고 서는 번쩍 들어 안고 갔습니다. 그 애는 곧바로 푹 잠이 들었습니다.

나는 다시 두 살짜리 어린애로 돌아가고 싶지는 않습니다. 그러나 때때로 나는, 어린아이처럼 엄마와 아빠가 모든 것을 돌보아 주기 때문에 아무 근심 걱정도 할 필요 없는 그런 상태를 경험해 보았으면 참 좋겠다고 생각할 때가 있습니다.

처지고 힘이 빠진 어느 날, 하나님께서는 바로 그 엄마와 아빠처럼 행하신다는 것을 보여 주셨습니다. 비록 흰머리가 절반 이상 덮였지만 하나님께서는 나를 아직도 어린아이처럼 돌보고 계십니다.

나는 다음 구절을 천천히 읽었습니다. 그러고는 속으로 외쳤

제2부 나의 피곤을 변화시켜 주시는 하나님

습니다. 할렐루야! 이사야 46:3-4에는 다음과 같이 기록되어 있습니다. "…나를 들을지어다. 배에서 남으로부터 내게 안겼고, 태에서 남으로부터 내게 품기운 너희여, 너희가 노년에 이르기까지 내가 그리하겠고, 백발이 되기까지 내가 너희를 품을 것이라. 내가 지었은즉 안을 것이요, 품을 것이요, 구하여 내리라."

나는 펜을 들고는 생각나는 대로 적어 나갔습니다.

내가 넘어지려고 할 때
  하나님께서는 나를 붙들어 세우신다.
내가 풀이 죽고 낙심이 될 때
  하나님께서는 "나의 머리를 드시는" 분이시다.
내가 힘이 없어 쓰러질 때
  하나님께서는 나를 안으신다.
태어나서 죽을 때까지 나의 평생 동안
  하나님께서는 나를 품으신다.
내가 지치고 피곤할 때,
  사랑해야 하는 사람들을 사랑할 수 없을 때,
  친구들이 등을 돌릴 때,
  의지하던 것이 무너질 때,
  하나님께서는 내게 격려와 힘을 주신다.
두려움이 나를 엄습할 때,
  대적이 나를 둘러싸고 있을 때,
  주님은 나를 구원하신다.
하나님은 얼마나 놀라운 아버지이신가!

하나님의 속삭임

내가 지치고 힘이 없고 외롭고 머리조차 들 수 없을 때, 하나님께서는 포근한 사랑으로 나를 감싸며 돌보시고 마음속에 안식과 평강을 주십니다. 그러면서 이렇게 말씀하십니다.

"애야, 여기서는 아무것도 하지 않아도 된다. 그저 마음 편히 쉬거라. 그리고 만약 할 일이 있어도 천천히 하면 된다."

하나님 아버지, 주님께서 저를 품에 안으신다는 것이 얼마나 놀라운지요! 주님의 팔에 안겨 마음 놓고 쉼을 누릴 수 있다는 것이 얼마나 기쁜지 모릅니다. 하지만 주님, 저는 머리로는 이 사실을 알고 있지만 마음으로는 느끼지 못할 때가 있습니다.

주님, 제가 마음으로도 이를 느낄 수 있도록 도와주소서.

그는 목자같이 양 무리를 먹이시며,
어린양을 그 팔로 모아
품에 안으시며
젖 먹이는 암컷들을 온순히 인도하시리로다.

이사야 40:11

험한 길

날마다 그는 절뚝거리며 어렵게 어렵게 길을 걸었습니다. 이따금 커다란 돌들이 앞길을 가로막았습니다. 넘어 지나 가기가 고통스러웠습니다. 움푹 패인 곳도 많았습니다. 어느 날은 그런 곳을 지나가다가 비척거리다 넘어지기도 했습니다. 얼마 전 그는 발을 헛디뎌 넘어지는 바람에 다리를 삐었는데, 이 때문에 절게 되었습니다.

"이 험한 길을 매일 걷다가는 다리가 제대로 나을 수가 없겠어." 상당히 위험해 보이는 곳을 조심스럽게 지나면서 그는 속으로 말했습니다.

그래도 그에겐 별다른 도리가 없었습니다. 그 길 하나뿐이었기 때문에 매일 그는 고통스럽게 그 길을 가야만 했습니다.

그러던 어느 날 아침 그는 미끄러지고 넘어져서 진흙 속에 빠졌습니다. 가시나무에 걸려 팔에 깊은 상처가 났습니다. 그는 혼잣말을 했습니다. "이건 바보 같은 짓이야! 평생 동안 날마다 이

길을 걸어 다녀야만 하다니! 좀 더 쉬운 방법을 강구해야만 해."
 그는 지게차를 가진 친구의 도움을 청했습니다. 그들은 함께 땀을 흘린 끝에 그가 늘 다니던 길 한가운데 놓여 있던 커다란 바위 몇 개를 치웠습니다. 이전에 그는 이 바위를 넘어 다녀야만 했었습니다. 그는 불도저를 빌려 깊은 구덩이를 메웠습니다. 이제 그는 길을 걸을 때 삽을 가지고 다니며, 땅이 갈라진 곳과 움푹 팬 곳을 메우고, 불룩 튀어나온 곳이 있으면 깎아 내어 평평하게 했습니다.
 그리고 여러 날 후에 그가 다니던 길은 평평하게 되었습니다.
 물론 그 길을 평평하게 유지하는 것은 언제나 문제였습니다. 조그만 바위들이 굴러 떨어지고, 때로는 폭우로 인해 길이 파손되어 계속 손을 봐야만 했습니다. 그러나 보수하는 것은 처음에 길을 평평하게 만들 때보다는 훨씬 쉬웠습니다.

 이러한 광경이 히브리서 12:12-13을 읽을 때 마음속에 떠올랐습니다. "그러므로 피곤한 손과 연약한 무릎을 일으켜 세우고 너희 발을 위하여 곧은길을 만들어 저는 다리로 하여금 어그러지지 않고 고침을 받게 하라."
 잠시 이 구절을 묵상해 보았습니다. 피곤한 손과 연약한 무릎을 일으켜 세우라고? 어떻게? 그래. 하나님의 말씀과 기도로 하나님과 교제하는 시간을 가짐으로 가능해. 나는 실제로 이런 시간을 가짐으로 피곤한 손과 연약한 무릎을 다시 강하게 할 수 있었습니다.
 그런데 나의 발을 위하여 곧은길을 만드는 일은 어떻게 할 수

제2부 나의 피곤을 변화시켜 주시는 하나님

있을까? 어떻게 하면 길을 평평하게 하여 저는 다리로 어그러지지 않고 고침을 받게 할 수 있을까?

바로 그다음 구절에서 그 답을 발견할 수 있었습니다.

첫 번째 지침은 14절에 나와 있었는데, 모든 사람으로 더불어 화평함과 거룩함을 좇으라는 것이었습니다. 주위 사람들과 불편한 관계에 있을 때, 필연적으로 나는 비틀거리다 쾅 하고 넘어져 상처투성이가 됩니다. 분노를 제대로 다스리지 아니하면, 그것은 내 안에 있는 자백하지 않은 죄와 더불어 거치는 바위와 장애물이 되어 내 길을 가로막게 됩니다. 따라서 그것을 치우지 않으면 안 됩니다.

두 번째 지침도 어려운 것이었습니다. 15절을 보면 "너희는 돌아보아 하나님 은혜에 이르지 못하는 자가 있는가 두려워하고, 또 쓴 뿌리가 나서 괴롭게 하고 많은 사람이 이로 말미암아 더러움을 입을까 두려워하고"라고 했습니다. 나는 이 쓴 뿌리라는 돌에 걸려 넘어져 절뚝거리게 된 일이 한두 번이 아닙니다! 비록 쓴 뿌리를 제거하는 데에는 도움이 필요할지 모르지만 반드시 제거되어야 합니다.

세 번째 명령은 16절에 나옵니다. 음행하는 자와 망령된 자가 있을까 두려워하라는 것입니다. 음행이란 성적 부도덕에 빠지는 것이며, 망령되다는 것은 하나님을 인정하지 않는 믿음 없는 행동을 하는 것을 말합니다. 이것들에 빠지면 평생 동안 다리를 절게 될 것이므로, 어떤 값을 치르더라도 피해야만 합니다.

이 명령들은 너무나 큽니다! 너무나 커서 내 힘으로 행하기가 불가능하기 때문에, 하나님께서 마련하신 지게차와 불도저와 삽이 필요합니다. 이것들은 날마다 내가 가는 길을 곧게 할 수 있는 수단이 됩니다. 나의 삶을 책임지고 점검해 줄 수 있는 '친구'

라는 지게차의 도움이 필요하며, '하나님의 말씀에 매일 순종'이라는 불도저와 삽이 필요합니다. 또한 순간순간 성령의 지시와 인도와 도우심을 구해야 합니다.

나의 길을 곧게 하는 일에 나를 도와주시기 위해서 하나님께서 자주 사용하시는 중요한 장비 중의 하나는 징계(훈련)입니다. 히브리서 12:5-7에서 이렇게 말씀하십니다. "또 아들들에게 권하는 것같이 너희에게 권면하신 말씀을 잊었도다. 일렀으되, '내 아들아, 주의 징계하심을 경히 여기지 말며, 그에게 꾸지람을 받을 때에 낙심하지 말라. 주께서 그 사랑하시는 자를 징계하시고, 그의 받으시는 아들마다 채찍질하심이니라' 하였으니, 너희가 참음은 징계를 받기 위함이라. 하나님이 아들과 같이 너희를 대우하시나니, 어찌 아비가 징계하지 않는 아들이 있으리요?"

하나님께서는 자녀인 우리에게 권면의 말씀을 해 주십니다. 때로는 칭찬의 말로 우리를 즐겁게 해 주시기도 합니다. 때로는 위로와 격려의 말로 우리의 힘을 북돋아 주시기도 합니다.

때로는 우리에게 규칙과 제한 사항을 정해 주시기도 합니다. 어린아이는 자기에게 넘어서는 안 되는 한계와 경계가 있다는 것을 아는 데서 안정감을 느낍니다. 그를 보호하기 위해서 규칙이 있는 것입니다. 하나님께서도 마찬가지이십니다. 하나님께서 우리에게 규칙과 제한 사항을 주시는 까닭도 우리의 보호와 유익을 위해서입니다. 다윗은 시편 23편에서 하나님의 지팡이가 자기를 안전하게 지켜 준다고 말합니다.

때로 하나님께서는 나를 올바른 길로 인도하시기 위해 훈계하시며 꾸짖기도 하십니다. 나를 바로잡아 주십니다. 내가 그분의 길을 떠나 방황하거나 다른 길을 택하려고 할 때 그렇게 하신다는 것입니다.

제2부 나의 피곤을 변화시켜 주시는 하나님

그렇습니다. 하나님께서는 내가 길을 평평하게 할 수 있도록 방법을 제공하여 주십니다. 그러나 나의 길을 평평하게 만들어야겠다는 의지는 바로 나의 것입니다.

나는 그 구절을 다시금 천천히 읽었습니다. "피곤한 손과 연약한 무릎을 일으켜 세우고 너희 발을 위하여 곧은길을 만들라." 내가 그렇게 할 수 있을까? 나에겐 그렇게 하려는 마음이 있는가?

나의 길을 가로막는 무시무시한 바위 덩어리는 바로 나의 연약한 본성입니다. 나는 거절을 할 줄 모르는 성품을 가지고 있습니다. 그리고 비록 거절을 한다고 하더라도, 내 마음속에서 들려오는 작은 목소리는 내가 해야만 하는 수많은 것들을 계속해서 제시합니다. 나는 하나님께서 명하신 것과 내 자신이 만들어 낸 "해야만 할 것들"을 분별할 수 있는 지혜가 필요합니다. 하나님께서 명하신 것들은 나로 넘어지게 하지 않습니다. 그러나 내가 만들어 낸 "해야만 할 것들"은 고갈과 걱정과 스트레스의 원인이 되며, 결국에는 매 순간 나로 넘어지게 합니다.

―――◆―――

하나님 아버지, 주님께서는 제 길을 곧게 하라는 명령을 주셨을 뿐만 아니라 성령을 보내 주셔서 제가 그렇게 할 수 있도록 도와주셨습니다. 주님, 시편 기자가 기도했듯이 저도 동일하게 기도합니다. "주님, 주의 의의 길로 저를 인도하시고 제 앞에 주의 길을 평탄케 하소서."

그리고 주님, 지금 제가 순종하도록 도와주소서!

(그들이) 울며 올 것이며
그들이 나의 인도함을 입고 간구할 때에
내가 그들로 넘어지지 아니하고
하숫가의 바른길로 행하게 하리라.

예레미야 31:9

제3부

나의 신뢰를
기뻐하시는 하나님

내 육체와 마음은 쇠잔하나
하나님은 내 마음의 반석이시요
영원한 분깃이시라.
시편 73:26

어떤 사람이 말하기를,
그리스도인의 삶은 대부분 붙잡고 매달리는 것이라고 했습니다.
'대부분'이라는 말에 대해서는 이론을 제기할 수 있겠지만,
우리가 사는 날의 상당 부분이 그러한 범주에 속한다고
할 수 있습니다.

"나는 어떤 일이 있더라도 하나님을 믿고 의지하리라."
지치고 피곤한 나날 속에서
이 고백은 나의 힘의 근원입니다.
나는 날마다 이 고백을 할 것입니다.
나는 순간순간 이 고백을 할 것입니다.
비록 우리가 느끼지 못할지라도
그분의 영원한 팔이 우리를 안고 계시기 때문입니다.
그리고 우리가 알아채지 못할지라도
하나님의 사랑이 우리의 피난처가 되시기 때문입니다.

어떤 일이 일어나도 나 항상 하나님을 믿고 의지하리라!

12

재 회

애틀랜타의 9월 어느 따뜻한 토요일, 마이크는 가족들을 모아 성경공부를 하기로 했습니다. 그는 5살과 8살인 두 아들에게 다음과 같이 말했습니다. "아빠 허벅지에 커다란 혹이 있다는 것을 알게 되었단다. 이번 주일에 교회에서는 아빠가 나을 수 있도록 기도 모임을 가질 거란다. 그래도 혹이 없어지지 않으면 다음 달에는 잘라 내는 수술을 해야 할지도 모른단다. 혹은 더 커질 수도 있대. 만약 그렇게 되면 아빠는 목숨을 잃을지도 몰라."

아빠의 말씀을 들으면서 어린 존의 눈은 놀라움 때문에 어두운 빛으로 변했습니다. "하나님께서 우리를 위해 기록해 놓으신 히브리서 말씀을 너희에게 읽어 주고 싶다. '한 번 죽는 것은 사람에게 정하신 것이요'(히브리서 9:27). 사람이 죽는 것은 하나님께서 정하신 것이란다. 우리가 언제 죽을지는 하나님께서 결정하셔. 그렇기에 아빠는 하나님께서 정하신 때보다 단 1초라도 빨리 죽는 일은 없을 거야. 이걸 꼭 기억하거라."
　8살 먹은 다니엘은 아빠가 하시는 이야기를 이해하고는 고개를 크게 끄덕였습니다.
　조카인 마이크가 이 일을 전화로 알려 왔을 때 나는 흘러내리는 눈물을 훔치지 않을 수 없었습니다. 나는 그의 얼굴에 나타나 있는 용기를 느낄 수 있었고, 잠시 놀라움을 감추지 못하고 서 있었습니다. 그리고 이전에 했던 것처럼 다시 한번 "죽음"이란 이름이 붙여진 꾸러미를 서랍에서 꺼내어 자세히 들여다보기 시작했습니다. 48세의 나이에 백혈병으로 마이크의 어머니, 즉 내 여동생이 세상을 떠났을 때와, 역시 백혈병으로 57세에 나의 아버지께서 돌아가셨을 때도 그렇게 했습니다.
　우리 대부분은 죽음을 추하고 무서운 것으로 생각합니다. 그러나 성경에서는 죽음을 그런 식으로 그리고 있지 않습니다. 나는 야곱에 대하여 기록된 부분을 읽었습니다. "…기운이 진하여 그 열조에게로 돌아갔더라"(창세기 49:33). 그리고 나는 다음과 같이 썼습니다.

아버지 하나님,
야곱이 죽었을 때에 주님께서는 얼마나 멋진 표현을 쓰셨는지요!
　"그 열조에게로 돌아갔더라."
　돌아갔다는 말은 재회하였다는 의미입니다.
천국에서의 광경이 얼마나 아름다운지요!
　이미 먼저 간 사랑하는 사람들에게로 돌아가는 것입니다.
"영광스런 귀한 손님"을 위한 멋진 환영식이 거행되고
　즐겁고 성대한 잔치가 베풀어집니다.

제3부 나의 신뢰를 기뻐하시는 하나님

아브라함과 사라를 만나고,
　이삭과 리브가,
　아내였던 라헬과 레아,
　그리고 수많은 이들의 환영을 받습니다.
그리고 무엇보다도… 제일 먼저 주님의 환영을 받습니다.
그는 주님의 백성 중의 한 명이었습니다.
　그리고 주님께서도 그의 "열조"에 해당되십니다.
우리가 왜 죽음을 두려워해야 합니까?
하나님의 모든 가족이 한 곳에 모이는 것이 죽음입니다.
얼마나 위로가 되고 복된 소식인지요!

완치를 위한 기도를 한 후에 마이크는 수술을 했습니다. 수술은 성공적이었습니다. 그 종양은 악성이 아니었습니다. 하나님의 뜻이면 마이크는 수년간 우리와 더 지낼 수 있을 것입니다. 나는 감사를 드렸습니다. 왜냐하면 지금 이곳에서는 죽음은 고통스러운 것이기 때문입니다.

고린도전서 15:55은 종종 문맥과 관계없이 인용되곤 합니다. "사망아, 너의 이기는 것이 어디 있느냐? 사망아, 너의 쏘는 것이 어디 있느냐?" 우리는 이 구절의 배경이 되는 54절을 빼놓기 쉽습니다. "이 썩을 것이 썩지 아니함을 입고, 이 죽을 것이 죽지 아니함을 입을 때에는 사망이 이김의 삼킨 바 되리라고 기록된 말씀이 응하리라."

그리스도인에게는 소망이 있습니다. 그리스도인에게는 썩지 아니하는 유업이 있습니다. 그리스도인에게는 위로자가 있습니다. 그러나 죽음은 이 세상에 살 동안에는 분명히 우리를 쏘는 것입니다. 우리는 잃기 때문에 슬퍼합니다. 우리는 고통 때문에 눈물을 흘립니다. 그러나 언젠가 그리스도께서 다시 오실 때에 그때에는 사망이 우리를 쏘지 못할 것입니다.

그러나 현재 닥친 고난과 헤아릴 수 없는 상실감 속에서도 바로 죽음이 닥친 그 사람에게 - 마이크에게도, 나에게도 - 죽음은 영광스러운 재회가 될 것입니다. 기쁨으로 본향에 돌아가는 것입니다. 영광스러운 재결합입니다.

우리가 그것을 기억하게 하소서. 그리고 우리의 슬픔 속에서도 본향으로 돌아가는 그 사람의 기쁨을 기억하게 하소서.

그러므로 항상 기뻐하게 하소서.

아버지 하나님, 죽음에 대해 그렇게 기쁘게 말씀하여 주시니 감사드립니다. 다시 만나는 것이며, 상을 받는 때이며, 더 이상 눈물과 고통이 없는 영광스런 천국으로 돌아가는 것입니다. 죽음이란 바로 재결합과 기쁨의 순간이라는 사실을 항상 기억함으로써 죽음의 고통과 죽음의 과정에 대한 두려움을 능히 이기게 하소서.

죽은 자의 부활도 이와 같으니,
썩을 것으로 심고 썩지 아니할 것으로 다시 살며,
욕된 것으로 심고 영광스러운 것으로 다시 살며,
약한 것으로 심고 강한 것으로 다시 살며,
육의 몸으로 심고 신령한 것으로 다시 사나니,

제3부 나의 신뢰를 기뻐하시는 하나님

육의 몸이 있은즉 또 신령한 몸이 있느니라.

고린도전서 15:42-44

하나님의 속삭임

제3부 나의 신뢰를 기뻐하시는 하나님

문

　오래전 어릴 적 일입니다. 내 동생 켄트는 5살이 채 못 되었지만 키는 컸고, 머리는 아무리 빗질을 하고 물을 묻혀도 제대로 길들일 수가 없던 아이였습니다.

　의자에 앉아 몇 분 동안 그림을 유심히 보고 있었습니다. 예수님께서 문을 두드리고 계시는 그림이었습니다. 어머니가 자기 옆에 앉자 켄트는 물었습니다. "엄마, 예수님께서 무엇을 하고 계신 거예요?"

　"응, 켄트. 예수님께서는 마음 문을 두드리고 계신 거야. 예수님께서는 우리 모든 사람의 마음속에 들어오기를 원하신단다. 들어오셔서 우리의 친구가 되시고, 우리를 돌보시며, 우리가 행한 모든 잘못을 용서하기를 원하시는 거야."

　"그런데 애야, 주의해서 볼 것이 한 가지 있단다. 그 문에는 바깥쪽에 손잡이가 없다는 점이란다. 모든 사람은 자기의 마음 문을 안쪽에서 직접 열어야 한단다. 그러고는 예수님이 들어오시도록 해야 한단다. 예수님께서는 신사이시기 때문에 다른 사람의 마음속에 강제로 들어가시지는 않는단다."

켄트는 어머니의 대답을 듣고는 잠시 깊은 생각에 잠겼습니다. 그러고는 다시 질문을 했습니다. "엄마, 예수님을 들어오시지 못하게 하는 사람도 있나요?"

"그렇단다, 켄트야. 사람들 중에는 예수님을 바깥에 오랫동안 서 있게 만드는 사람도 있단다. 그리고 심지어는 절대로 들어오시지 못하게 하는 사람도 있단다."

켄트는 그 말을 듣고는 고민하였습니다. 잠시 뒤에 켄트는 숨을 깊이 들이쉬었다가 내쉬고는, "좋아요! 난 예수님을 내 마음 밖에 그냥 서 계시게 하지 않을래요. 지금 바로 예수님을 모셔 들일래요"라고 말했습니다.

그는 조그만 손을 오므려 가슴에 갖다 대고는 옆으로 젖히며 문을 여는 시늉을 하였습니다. 그러고는 큰 소리로 말했습니다. "예수님, 지금 바로 제 마음에 들어오세요."

그는 잠시 기다렸습니다. 그러고는 다시 손으로 마음 문을 닫는 시늉을 하였습니다. 그러고는 환하게 미소를 지으며 소리쳤습니다. "됐다! 이제 나는 예수님의 소년이다. 그렇지, 엄마?"

물론 그는 그렇게 되었습니다!

어린 시절에 어머니께서는 우리들이 예수님의 필요성을 느끼도록 신경을 많이 쓰셨습니다. 비록 나는 하나님을 사랑하는 가족 가운데 태어났지만 그 사실 때문에 내가 저절로 하나님의 자녀가 되는 것은 아니었습니다. 하나님께서는 손자가 없습니다. 단

지 모두 자녀일 뿐입니다.

어머니께서는 정성을 다하여 우리 모두가 벌을 받아 마땅한 행동을 했음을 설명해 주셨습니다. 만일 하루에 한 가지씩 잘못된 일을 한다면 일 년에 365가지이며, 우리 나이 수만큼 곱한다면 우리의 마음은 이미 까맣게 되어 하나님께서 준비하신 완전한 하늘나라에는 절대로 미치지 못하는 상태인 것입니다. 비록 어리긴 하였지만 우리는 그곳이 더 이상 좋을 수 없을 정도로 완전한 곳임을 이해할 수 있었습니다. 우리는 그곳에 들어가고 싶었습니다.

어머니께서는 또한 그 모든 죄의 삯이 바로 죽음 - 즉 하나님과 분리되는 것 - 이지만, 하나님께서는 우리 주 예수 그리스도 안에 있는 영생을 우리에게 선물로 주신다고 설명해 주셨습니다(로마서 6:23).

우리는 그 사실을 어려서부터 알았습니다. 하나님께서는 자기 외아들을 보내셔서 하나님에 대하여 우리에게 말씀하여 주셨습니다. 그리고 예수님은 완전한 수준의 삶을 사셨습니다. 하나님이셨기 때문에 그렇게 하실 수 있었습니다. 자신의 죄 때문에 죽으셔야 할 필요가 없었습니다. 예수님은 아무 죄도 범하지 않으셨습니다. 그래서 죄지은 다른 사람을 대신하여 죽으실 수 있었던 것입니다.

바로 예수님께서는 그렇게 하셨습니다! 죄를 전혀 짓지 않으신 그분께서 나의 죄를 대신 짊어지신 것입니다. 그리고 나뿐만 아니라 온 세상 사람의 죄를 대신 짊어지신 것입니다.

내가 해야 할 일은 간단했습니다. 이미 주어진 선물을 받기만 하면 되는 것이었습니다. 그리고 내가 받을 때 나는 하나님의 자녀 중의 한 사람이 되는 것입니다. 바로 그리스도의 것이 되는 것입니다!

켄트가 예수님을 영접하고 나서 수년 뒤에 나는 온 우주의 창조주이신 예수 그리스도를 나의 마음 문을 열고 모셔 들였습니다. 그리고 그리스도께서는 나의 삶을 변화시키셨습니다.

나도 역시 다음과 같이 말할 수 있었습니다. "됐어! 이제 나도 예수님의 소녀야. 그렇지요, 엄마?"

그리고 나도 그렇게 되었습니다.

그때 이후로 지금까지 죽.

주 예수님, 주님께서는 제 마음의 상태를 언제나 잘 알고 계셨습니다. 주님께서 저의 삶 속에 들어오신 것을 인하여 감사드립니다. 또한 저의 삶을 변화시킨 것도 감사드립니다. 제가 받아야 할 죄의 형벌을 주님께서 대신 직접 받으셨음을 인하여 감사를 드립니다.

(아마 당신도 주님께 마음의 문을 열기 원하실지도 모르겠습니다. 이전에 그렇게 하신 적이 없다면 지금 주님께 문을 여시기 바랍니다.)

또 증거는 이것이니, 하나님이 우리에게 영생을 주신 것과 이 생명이 그의 아들 안에 있는 그것이니라. 아들이 있는 자에게는 생명이 있고, 하나님의 아들이 없는 자에게는 생명이 없느니라.

요한일서 5:11-12

제3부 나의 신뢰를 기뻐하시는 하나님

유 혹

14개월 된 린이 욕조에서 놀고 있었습니다. 혹시 무슨 일을 벌일지도 몰라 잠시도 눈을 뗄 수가 없었습니다. 아니나 다를까 갑자기 비누를 집어 들더니 입에 넣으려고 했습니다. 내가 빼앗으려고 하자 린은 안 뺏기려고 꼭 붙들며 소리를 질렀습니다. 아마도 엄마가 맛있어 보이고 반들반들하고 분홍빛 나는 음식을 빼앗으려는 듯이 보인 것 같습니다!

재차 린은 비누를 입에 넣으려 하였습니다. 나도 계속 비누를 빼앗았습니다. 그러면 린은 계속 저항하며 울어 댔습니다.

마침내 나는 린이 좀 힘든 방법으로 배우도록 하기로 결단을 내렸습니다. 다시 한번 린이 비누를 집어 들었을 때 나는 조용히 지켜보았습니다. 입을 크게 벌리더니 한입 크게 깨물고는 잠깐 동안은 무척 기뻐하는 모습을 보였습니다. 그러더니 갑자기 얼굴이 일그러지고 비누를 내뱉으며 울기 시작하였습니다. 이번엔 화가 나서 우는 것이 아니라 고통 때문에 우는 것이었습니다.

그다음에는 비누를 집어 눈에 가까이 가져갔습니다. 위험스럽게 갖다 댄다 했더니 비눗물이 눈에 들어갔는지 몹시 쓰라린 듯한 표정을 지었습니다.

그 일을 지켜보면서 나 역시 린과 같은 감정을 느꼈습니다.

린은 다시는 비누를 먹으려는 시도를 하지 않았습니다.

때때로… 하나님께서는 우리가 비누를 물기 이전에 빼앗아 가실 때가 있습니다. 그때 우리는 화를 내며 비명을 지릅니다. 그러나 때로는 비누를 먹도록 놔두실 때가 있습니다. 그러면 우리는 고통 속에서 비명을 지릅니다.

린이 14개월이었던 그 시절에서 영원과 같이 멀리 떨어진 지금… 수십 년 하고도 얼마큼 더 지난 현 시점에서, 나는 지나간 날들을 돌아보면서 하나님께서 하시는 일은 정말 놀랍다는 것을 깨닫게 됩니다. 우리가 생각하기에는 완벽했던 어떤 집을 사려고 했지만 하나님께서는 명확하게 "안 된다"라고 하신 때를 기억합니다. 그때 나는 못마땅하게 생각했습니다. 남편과 함께 해외여행을 하고자 했던 때에도 하나님께서는 "안 된다"라고 말씀하셨으며, 나는 불쾌한 얼굴을 했습니다.

그러나 1년이 지난 후 우리가 "완벽하다"라고 생각했던 그 집이 사실은 상당히 나쁜 위치에 있었다는 것이 드러난 것을 또한 기억합니다. 또한 내가 해외여행을 가고 싶었지만 하나님께서 "안 된다"라고 말씀하신 바로 그 즈음에 어머니께서 돌아가셨기 때문에 내가 집에 머물러 어머니의 임종을 지켜볼 수 있었던 것을 기억했습니다.

그리고 나는 하나님 아버지의 선하신 인도에 감탄했습니다.

어느 날 아침 나는 시편 145:16을 읽었습니다. "(여호와께서는) 손을 펴사 모든 생물의 소원을 만족케 하시나이다." 그때 머릿속에 한 그림이 떠올랐습니다. 커다란 손이 오므린 채 내게 내려옵니다. 나는 그 손이 펴지기를 간절히 고대하며 기다립니다. 그 속에서 신기한 능력과 행복과 기쁨, 건강, 안정, 그리고 내 생애를 위한 사랑스런 사람이 나오기를 기대합니다.

주먹이 서서히 펴집니다. 숨을 죽이고 바라봅니다. 아무것도 없습니다. 단지 손밖에는….

나는 시편 23:1을 읽고 놀랐습니다. "여호와는 나의 목자시니 내가 부족함이 없으리로다." 주님께서 나의 목자가 되시기 때문에, 나는 필요한 모든 것을 가지고 있습니다!

그렇습니다. 하나님께서는 손을 펴시고 그분 자신을 내게 주십니다! 그리고 그분은 나의 기쁨, 나의 안정, 나의 사랑, 그리고 나의 모든 것이 되십니다. 내게 필요한 모든 것은 바로 주님이십니다.

그런데 내가 왜 비누를 먹으려 하겠습니까?

주님, 감사합니다. 제가 "예"를 요구할 때 주님께서는 "안 된다"라고 대답하심을 감사드립니다. 그때 제가 불평한 것을 용서하여 주옵소서! 결국에는 내뱉고 구역질을 할 비누를 자꾸 먹게 해 달라는 저의 요구를 지속적으로 거절하여 주신 것에 대하여 감사를 드립니다.

주님께서 제게 완전한 부모가 되어 주시니 감사를 드립니다. 주님께서는 모든 것을 완전하게 하시며, 모든 것을 합력하여 선을 이루시는 분이심을 아옵나이다. 주님께서는 항상 저에게 가장 좋은 것으로 주시는 분이십니다.… 저로 하여금 주님의 손에서 가장 좋은

것을 받게 하소서. 저로 하여금 좋지 않은 것은 바라지 않게
하소서.

여호와께서 저희의 요구한 것을 주셨을지라도
그 영혼을 파리하게 하셨도다.

시편 106:15

제3부 나의 신뢰를 기뻐하시는 하나님

15
정말 원하십니까?

햇빛이 부엌 탁자 위에 부드럽게 내리쬐고 있었지만, 우리는 너무나 대화에 몰입해 있었기 때문에 전혀 알아챌 수가 없었습니다. 린과 함께 헌신에 대하여 대화를 나누고 있었습니다. 린은 과거의 이야기를 꺼냈습니다. "엄마도 알 거예요. 대학교에 다닐 때에 '당신이 진정으로 원하는 것은 무엇입니까? 그리고 당신은 그것을 정말 원하고 있습니까?'라는 설교를 들었는데, 전 그 설교를 절대 잊을 수 없어요."

"그래? 특별한 이유라도 있니?" 나는 얼른 이해가 가지 않는다는 표정으로 눈썹을 치켜올렸습니다.

린이 되받아 말했습니다. "뭐 아주 특별한 이유가 있다기보다, 그 설교가 몇 가지 영역에서 새로운 생각을 자극했기 때문에 아직도 기억할 수 있어요."

"예를 들면?" 나는 재빨리 물었습니다.

"예를 들면 이런 질문들이에요. 값을 치르면서까지 하나님을 섬기기 원하십니까? 행복한 결혼 생활을 위해 열심히 수고할 의향이 있습니까? 비천한 대접을 받더라도 겸손하여지기를 원하십니까? 희생하지 않고서 희생적인 삶을 살기 원하지는 않습니까?"

나는 이해할 수 있었습니다.

그날 하루 종일 내 머릿속에는 그런 생각들이 떠나지를 않았습니다. 나는 하나님의 말씀의 깊은 진리를 알고 싶다고 말합니다. 그러나 그러기 위해서 이에 필요한 시간을 투자하기를 원하는가? 이를 위해 필요한 수고와 희생을 하고자 하는가?

나는 끝까지 믿음의 삶을 잘 살고 싶다고 말합니다. 그러나 이를 위해 나의 몸과 마음과 태도를 훈련하기를 원할 만큼 이를 원하는가?

나는 기도에 더 많은 시간을 들여야겠다고 말합니다. 그러나….

그리고도 더 많이 있습니다. 내가 원하는 그런 결과를 진정으로 원하는가?

네비게이토에서 배우기 시작한 초창기에 네비게이토의 창시자인 도슨 트로트맨에 대한 이야기를 들은 적이 있습니다. 그는 자기가 가끔 퉁명스럽고 가차 없을 때가 있다는 사실을 깨닫고는 하나님께 자기의 마음을 온유하게 만들어 달라고 기도하였습니다. 얼마 후 그는 아들을 얻었습니다. 그러나 아이는 정신적으로, 그리고 육체적으로 온전치 못한 상태였습니다. 아들 때문에 도슨은 그의 성품에 큰 변화를 가져왔습니다.

선교사였던 또 다른 한 사람은 하나님께 자기를 좀 더 온유하게 만들어 달라고 기도하였습니다. 몇 주 후에 그의 사랑하는 아내가 어린 세 자녀를 남겨 놓은 채 병으로 갑자기 세상을 떠

제3부 나의 신뢰를 기뻐하시는 하나님

났습니다. 수년 후에 그는 아내의 죽음으로 말미암아 자기의 마음이 깨어지고 더욱 주님을 닮게 되는 계기가 되었다고 간증을 하였습니다.

짐 엘리엇은 다음과 같은 말을 했습니다. "하나님의 뜻은 항상 우리가 감당할 수 있는 것보다 크다." 나는 여기에다 더하고 싶은 말이 있습니다. "하지만 내 마음속에 그리는 것과는 다르다."

우리들 대부분은 사랑, 인내, 그리고 온유함과 같은 성품을 원합니다. 그러나 하나님께서 우리의 삶 속에 그러한 성품을 만드시려고 어려운 환경을 허락하실 때에는 그 기도를 물리려는 경향이 있는 것을 봅니다. 그때에 우리는 다음과 같이 외치고 싶어 합니다. "주님, 그런 의미가 아니었어요. 그 기도 제목을 삭제하여 주세요!"

그러나 하나님께서는 우리의 구하는 대로 행하십니다. 우리의 삶 속에 불을 가져오십니다. 너무나 뜨거워서 우리를 녹일 수 있습니다. 그리고 새로운 모양으로 만드시며, 우리를 깨트리십니다. 세월이 지나서 지나온 길 전체를 바라볼 수 있는 위치에 섰을 때, 아니면 혹은 영원한 관점에서 볼 때에야 우리는 다음과 같이 말할 수 있을 것입니다. "주님, 제 기도에 응답하여 주심을 감사드립니다. 주님께서 이를 위해 제가 지나도록 하신 곳이 어떠한 곳이었든 간에, 저는 제가 원했던 것을 진정으로 원했습니다."

잠시 생각해 보십시오.

당신이 진정으로 원하는 것은 무엇입니까? 당신은 그것을 진정으로 원하고 있습니까? 그리고 당신이 원하는 것이 어떤 결과를 낳을지라도 이를 진정으로 원하십니까?

오, 주님! 저를 도우소서. 제가 원하는 것을 진정으로 원할 수
있도록 도우소서. 그리고 이것이 제 삶에 이루어지도록 하기 위하여
주님께서 제게 행하시는 일이 무엇이든, 그리고 그것이 어떤 결과를
가져오든, 그것을 기꺼이 받아들일 수 있도록 도와주소서. 그리고
그것을 진정으로 원할 수 있도록 도우소서.

내가 그리스도와 그 부활의 권능과 그 고난에 참예함을 알려
하여 그의 죽으심을 본받아 어찌하든지 죽은 자 가운데서 부활에
이르려 하노니, 내가 이미 얻었다 함도 아니요 온전히 이루었다
함도 아니라. 오직 내가 그리스도 예수께 잡힌 바 된 그것을
잡으려고 좇아가노라. 형제들아, 나는 아직 내가 잡은 줄로
여기지 아니하고, 오직 한 일 즉 뒤에 있는 것은 잊어버리고
앞에 있는 것을 잡으려고, 푯대를 향하여 그리스도 예수 안에서
하나님이 위에서 부르신 부름의 상을 위하여 좇아가노라.

빌립보서 3:10-14

너희 안에서 행하시는 이는 하나님이시니, 자기의 기쁘신 뜻을
위하여 너희로 소원을 두고 행하게 하시나니.

빌립보서 2:13

제3부 나의 신뢰를 기뻐하시는 하나님

⑯
왜 약이 안 듣지?

객실은 좋은 방이었지만 추웠습니다. 욕실은 푸른색으로 칠해져 있었습니다. 조그만 옷가방을 풀고, 잠잘 준비를 마치고, 두통이 조금 심해 알약을 준비했을 때까지도 양쪽 발은 얼어 있었습니다. 수양회는 정말 좋았지만, 몸이 피곤해서 얼른 쉬고 싶었습니다. 그러나 수양회 동안 너무 많이 먹고 커피를 너무 많이 마셔서 쉽게 잠이 들기 어려울 거라는 생각이 들었습니다. 게다가 발까지 차가웠기 때문에 나는 발을 따뜻하게 하려고 온갖 노력을 다했습니다. 손으로 비비고, 슬리퍼를 신고, 또 비볐습니다.

그러나 아무것도 소용이 없었습니다.

3월 말의 찬바람이 처마를 스치고 지나갔습니다. 실망하고 지친 몸으로 침대 속으로 기어들어 갔습니다. 두 발을 몸에 될 수 있는 대로 가까이 쪼그렸습니다. 잠을 청했습니다. 세 시간 동안이나 잠이 오지 않아 뒤척였습니다. 그러면서 "약을 먹었는데도 왜 두통이 멎질 않지? 왜 약이 안 듣지?" 하고 의아하게 생각하다가 결국에는 잠이 들었지만 편히 자지는 못하였습니다.

다음날 아침, 지칠 대로 지친 몸으로 일어나 침대 시트를 정돈하다가 바닥을 보았고, 눈에 익은 전기 코드가 침대에서 빠져 있는 것을 보았습니다. 꺼내어 보았더니 침대에 설치된 전기장판에 쓰는 것이었습니다. 지난밤 춥게 잔 침대에는 전기장판이 있었던 것입니다. 전원에 연결만 되면 침대는 금방 따끈따끈하게 변하는 좋은 것이었습니다. 나는 혀를 찼습니다.

나는 다시 이를 닦으려고 욕실로 갔습니다. 그러다가 세면대 위를 힐끗 보았습니다. 아니! 내가 놓아두었던 알약이 거기에 있었습니다. 먹어야지 했는데 깜빡 잊은 것입니다. 다시 혀를 찼습니다.

전기장판은 내가 전원에 연결시키기 전까지는 따뜻하게 해 줄 수 없습니다. 두통약도 내가 먹지 않으면 두통을 제거하거나 편안하게 해 줄 수 없습니다.

그리고 나서 옷가방 맨 위에 놓인 성경을 바라다보았습니다. 지난밤 일들이 생각이 나서 미소를 지었습니다. 이 일을 통해 주말 수양회에서 우리가 함께 토의한 진리에 대하여 생생하게 깨달을 수 있었습니다. 바로 내가 기도하지 않은 것에 대해서는 하나님께서 응답하시지 않는다는 것입니다. 또, 내가 성경을 펴서 읽지 않으면, 하나님의 말씀은 나를 소성시키거나, 지혜롭게 하거나, 인도하는 일을 할 수 없는 것입니다.

제3부 나의 신뢰를 기뻐하시는 하나님

주님, 때때로 저의 필요는 잠을 편히 자지 못하는 것보다 훨씬 큽니다. 그러나 주님께서 이미 저를 위해 준비해 두신 것을 충분히 누리지 못할 때가 있습니다. 저의 이런 모습을 용서하여 주옵소서. 그리고 제가 해야 할 일은 단지 손을 펴서 주님께서 주시는 것을 받는 것임을 알도록 도와주시옵소서.

내 눈을 열어서 주의 법의 기이한 것을 보게 하소서.
주의 증거는 나의 즐거움이요 나의 모사니이다.
이 말씀은 나의 곤란 중에 위로라.
주의 말씀이 나를 살리셨음이니이다.
고난당한 것이 내게 유익이라.
이로 인하여 내가 주의 율례를 배우게 되었나이다.
구하오니 주의 종에게 말씀하신 대로
주의 인자하심이 나의 위안이 되게 하시며
주의 긍휼히 여기심이 내게 임하사 나로 살게 하소서.
주의 법은 나의 즐거움이니이다.
내가 주의 율례를 길이 끝까지 행하려고
내 마음을 기울였나이다.

시편 119:18,24,50,71,76,77,112

하나님의 속삭임

제3부 나의 신뢰를 기뻐하시는 하나님

17
하나님께 귀를 기울임

  자매 수양회의 마지막 식사 때 그녀는 내 의자 곁에 바싹 붙어 앉아 있었습니다. 궁금한 게 있는지 눈썹이 한가운데로 쏠렸습니다. 그녀는 다음과 같은 질문을 했습니다. "저는 하나님께서 자매님께 어떻게 말씀하시는지를 알고 싶어요."

  깊이가 있는 질문이었습니다. 갑자기 나는, 수양회 동안 그 개념을 사용했지만 구체적인 설명은 하나도 하지 않은 것이 생각났습니다. 새로이 거듭난 이 자매는 하나님께서 자녀들에게 어떻게 말씀하시는지를 진지하게 알고 싶어 했습니다.

  나는 한동안을 생각했습니다. 그러고는 말문을 열었습니다. "나의 경우에 있어서 하나님께서는 내 마음에 뚜렷이 구별되는 인상 깊은 생각을 통해 말씀해 주셔요. 소리를 내어 이야기하신 적은 한 번도 없답니다. 그러나 주님께서 내게 심어 주시는 생각은 너무나 생생해서 마치 직접 말씀하시는 것처럼 보일 때가 있어요. 많은 경우에 내 마음속에 떠오르는 생각이나 아이디어가 있는데, 나는 그것이 하나님께로 말미암은 것임을 알 수 있지요."

그녀는 고개를 끄덕였습니다. 그러고는 그녀가 자기 자리로 돌아갈 때까지 몇 분 동안 더 이야기를 나누었습니다.

나는 후에 그 질문을 더 깊이 생각했습니다.

하나님께서 내게 말씀하고 계신 것인지, 아니면 내 자신의 생각이 나를 사로잡고 있는 것인지를 어떻게 알 수 있는가? 사탄은 내 머릿속에 다른 생각을 집어넣을 수도 있는가? 하나님께서 말씀하고 계심을 내가 어떻게 확신할 수 있는가? 누구에게나 중요한 질문이었습니다.

하나님께서는 어제나 오늘이나 영원토록 동일하십니다. 과거에 하나님께서는 여러 가지 방법으로 말씀하셨습니다. 선지자, 천사, 환상이나 이상, 사람의 양심, 그리고 모세에게 떨기나무 앞에서 하셨던 것처럼 직접 음성을 통해서 등등. 오늘날 하나님께서는 주로 성경 말씀을 통하여 우리에게 말씀하시지만, 그것에 국한되시지는 않는 것처럼 보입니다.

매일 하나님께서 우리를 위하여 가지신 생각이 헤아릴 수 없이 많고(시편 139:17-18), 그리고 성령께서 우리 안에 계시기 때문에, 하나님께서는 마치 사랑하는 사람들이 그러는 것처럼 우리와 대화를 나누기 원하실 것입니다.

다윗은 다음과 같이 말하였습니다. "주의 교훈으로 나를 인도하시고, 후에는 영광으로 나를 영접하시리니"(시편 73:24). 또한 이렇게 기도했습니다. "아침에 나로 주의 인자한 말씀을 듣게 하소서. 내가 주를 의뢰함이니이다. 나의 다닐 길을 알게 하소서. 내가 내 영혼을 주께 받듦이니이다"(시편 143:8). 이 구절 및 다른 수많은 구절을 통해서, 나는 우리가 주님께 귀를 기울이기

제3부 나의 신뢰를 기뻐하시는 하나님

만 한다면 주님께서는 우리에게 틀림없이 말씀하여 주실 것을 확신할 수 있습니다.

그러면 사탄은, 마치 하나님께서 우리에게 말씀하시는 것처럼 속여 우리가 자기의 생각을 받아들이도록 할 수 있을까요? 그렇습니다. 그러나 일반적으로 사탄은 하나님의 생각이나 뜻과는 반대되는 악한 것을 속삭입니다. 그리고 분명한 것은, 하나님께서는 성경에 기록된 말씀과 일치되는 것만 우리에게 말씀하신다는 사실입니다. 사탄이 말하고 있는 것인지, 또는 내 스스로의 생각에 사로잡혀 있는 것인지 분별할 수가 없다면, 그 생각을 채택하지 말고 분명해질 때까지 기도하기를 계속하는 것이 필요합니다.

하나님께서는 어떻게 말씀하십니까? 내게 있어서는 여러 가지 모양으로 하신다고 할 수 있습니다.

어떤 경우에는 마음속에 떠오르는 생각일 때가 있습니다. 이는 내가 생각하고 있던 것과는 뚜렷이 구별되는 것이거나, 내가 이전에 생각해 보지 못했던 독창적인 것이거나, 아니면 내가 하나님께 구하고 있던 것과 정반대인 경우도 있습니다. 이런 경우에는 반드시 하나님의 말씀과 병행하여 깨닫게 되는데, 나는 하나님의 음성을 분명하게 들었다고 생각합니다.

많은 경우에 하나님께서는 성경 구절을 통하여 말씀하십니다. 내가 성경을 읽을 때 한 구절이 특별히 눈에 띄는데, 이 구절이 내 어깨를 잡으며 몸을 약간 흔든 후에 명령을 합니다. "유심히 보아라!"

그러나 대개 하나님과 나는, 나의 속사람에게 들려주시는, 잔잔하고 세미한 하나님의 음성을 들으며 조용한 대화를 나눌 때가 많습니다. 내가 주님께 "주님, 사랑해요"라고 말하면, 주님께서는 "그래, 너는 나의 사랑하는 자란다"라고 속삭여 주십니다. 이런 하나님의 속삭임을 듣는 것이 얼마나 격려가 되는지 모릅니다.

나는 종종, 주님의 목소리를 더욱 자주, 그리고 더욱 선명하게 들을 수 있도록 기도합니다. 그러나 듣지 못할 때라도, 나는 하나님께서 말씀을 그치신 것이 아니라 내가 듣기를 멈추었다는 것을 알고 있습니다.

하나님 아버지, 주님께서 제게 여러 가지 방법으로 말씀하여 주시니 감사드립니다. 주님의 말씀을 통해, 성령을 통해 주님께서는 제 영혼에 말씀하십니다. 주님의 목소리를 더욱 듣고 싶습니다.
  주님, 제가 잘 들을 수 있도록 도와주소서.

너희는 귀를 기울여 내 목소리를 들으라. 자세히 내 말을 들으라.
이사야 28:23

너희가 우편으로 치우치든지 좌편으로 치우치든지
네 뒤에서 말소리가 네 귀에 들려 이르기를,
이것이 정로니 너희는 이리로 행하라 할 것이며.
이사야 30:21

듣는 자의 귀가 기울어질 것이며.
이사야 32:3

제4부

나의 좌절을
어루만지시는 하나님

하늘의 모든 군대들을 거느리신 주밖에는
어느 것도 두려워하지 말아라!
네가 그분을 두려워한다면
다른 어떤 것도 두려워할 필요가 없다.
그분이 네 피난처가 되실 것이다.
이사야 8:13-14, 현대어 성경

———————— ————————

우리가 소망을 잃을 때…
암흑이 우리를 덮어 오고…
을씨년스런 나날이 계속되고…
기대할 것은 하나도 없고…
무너진 기대와 함께
우리도 죽습니다.

우리가 바라볼 곳은 없습니다.…
단지 하늘뿐.

제4부 나의 좌절을 어루만지시는 하나님

18
상처 입은 튤립

 짙은 색 머리를 한 매력적인 여성이 사회자였는데, 우리에게 당황스런 말을 했습니다. "숙녀 여러분이 먼저 들어와서 튤립꽃의 목 부분에 흠집을 내 주십시오."

언뜻 보니 각 탁자 위에는 나팔 수선화, 튤립, 붓꽃으로 만든 멋진 꽃바구니가 놓여 있었고, 그랜드 피아노 위에는 커다란 꽃꽂이로 반쯤 덮여 장식되어 있었습니다. 꽃들은 모두 활짝 피었고, 키가 컸습니다. 멋있게 보이는 튤립도 있었는데, 꽃병에 몇 시간 꽂혀 있어서인지 자꾸 꽃이 밑으로 처졌습니다.

그녀는 설명을 덧붙였습니다. "화원에서 그러는데, 꽃꽂이를 하기 전에 꽃의 목 부분에 흠집을 내면 꽃의 모든 에너지가 꽃을 더욱 활짝 피게 하는 데에 들어가는 대신 상처를 치료하는 데에 들어가기 때문에 꽃이 계속 싱싱하고 꼿꼿하다고 합니다."

"놀라운 이야기구나!"라는 생각이 들었습니다. 그러나 다음 순간 튤립이 불쌍하다는 생각이 들었습니다.

나는 선명한 붉은색 튤립 한 송이를 그려 보았습니다. 세심한 정성을 들여 길렀고 보살핌을 잘 받고 자랐을 것입니다. 어느 날 꽃봉오리가 피기 시작할 때 팔기 위해 꺾였으리라.

"와, 정말 좋다! 이제 나는 많은 사람을 기쁘게 하는 꽃꽂이에 쓰이게 될 거야"라고 튤립은 말했습니다.

그러나 갑자기 튤립은 에이는 듯한 고통을 느꼈습니다. 연약하고 가느다란 목 부분을 칼로 베인 것입니다! 상처 입고, 고통당하고, 그리고 당황하였습니다. 그 연약한 꽃은 떨었습니다.

하지만 튤립은 이로 말미암아 좌절하지 않으리라 생각했습니다. 그러고는 상처 입은 부분을 낫게 하려고 있는 힘을 다했습니다. 죽고 싶지 않았습니다. 그 덕분에 튤립은 더 오랫동안 아름다움과 싱싱함을 유지할 수 있게 되었지만, 그 자신은 이 사실을 알지 못했습니다. 이렇게 해서 여러 날 동안 사람들은 튤립의 아름다움을 즐겼습니다.

그 상처 입은 튤립에 대하여 생각하면서 다음 시편 구절이 떠올랐습니다. "주께서 나를 괴롭게 하심은 성실하심으로 말미암음이니이다"(시편 119:75).

정말일까? 하나님께서 나를 괴롭게 하시는 이유가, 바로 내가 계속 유용하며, 한층 아름답게 보존되고, 또한 더욱 오래도록 하나님의 영광을 드러내는 삶을 살 수 있도록 하기 위한 것이란 말인가?

때때로 하나님께서는 사랑의 징계로 나를 괴롭게 하십니다. 그러나 어떤 경우에는 단지 나를 더욱 강하게 하시려고 그렇게 하시기도 합니다. 삶에서 겪는 어려움은 역경의 시련 속에서도 나로 감당할 수 있게 하며, 온실에서 자란 꽃과 같은 연약한 면을 없애 줍니다.

제4부 나의 좌절을 어루만지시는 하나님

나는 선명한 붉은색 튤립 하나를 감싸 쥐었습니다. 그러고는 가느다란 목 부분의 양쪽에 난 조그만 칼자국을 볼 때 경이감과 가엾은 마음을 함께 느꼈습니다.

나는 하나님께서 튤립을 창조하시고서는 기뻐하셨다고 믿습니다. 또한 나를 창조하시고서도 기뻐하셨다고 믿습니다.

아버지 하나님, 제 삶에 찾아오는 시련들을 침입자로 생각하여
분노하지 않고, 오히려 친구로 환영할 수 있기를 원합니다.
하나님께서 이를 허락하시는 이유는 저를 더욱 강하게 만들며,
더욱 하나님의 영광을 드러내도록 하기 위함인 것을 알기
때문입니다.

고난당하기 전에는 내가 그릇 행하였더니
이제는 주의 말씀을 지키나이다.
주는 선하사 선을 행하시오니
주의 율례로 나를 가르치소서.

시편 119:67-68

또 아들들에게 권하는 것같이 너희에게 권면하신 말씀을
잊었도다. 일렀으되, "내 아들아, 주의 징계하심을 경히 여기지
말며, 그에게 꾸지람을 받을 때에 낙심하지 말라. 주께서 그
사랑하시는 자를 징계하시고, 그의 받으시는 아들마다
채찍질하심이니라" 하였으니, 너희가 참음은 징계를 받기
위함이라. 하나님이 아들과 같이 너희를 대우하시나니,

하나님의 속삭임

어찌 아비가 징계하지 않는 아들이 있으리요.

히브리서 12:5-7

제4부 나의 좌절을 어루만지시는 하나님

19
공을 떨어뜨렸어요

어느 날 저녁 나는 남편과 함께 의자에 앉아 갓 튀긴 팝콘을 먹으며 드라마를 시청하고 있었습니다.

한 장면에서 버트 레이놀드라는 사람이 한 친구와 얘기하고 있었는데, 그 친구는 이전에 버트 레이놀드와 함께 미식축구를 했던 사람입니다.

그 장면은 다음과 같이 진행되었습니다.

친구: 자네는 왜 마지막 결승점에서 공을 떨어뜨린 이야기만 하지?

버트: (뚱한 표정으로) 실제로 공을 떨어뜨렸기 때문이지!

친구: 그러나 자네는 그 해에 열네 번이나 터치다운을 성공했고, 팀에 활력을 불어넣었지 않았나?

버트: (낮게 깔린 목소리로) 아아, 그랬었나?

여기서 당신도 알다시피, 그는 "하지만 난 결정적인 순간에 공을 떨어뜨렸어"라고 생각하며, 그 생각에 사로잡혀 있음을 볼 수 있습니다.

어느 날 밤, 나는 학교에서 열리는 발표회에 참석했습니다. 많은 청중 앞에서 3학년 학생이 암송하려던 구절을 잊었습니다. 그는 시도했지만 막혔고, 다시 시도했지만 또 막혔습니다. 결국 안쓰러워하던 선생님이 살짝 한마디를 일러 주었고, 그제야 그 구절을 막히지 않고 끝까지 암송하였습니다.

그는 마지막 노래를 부르기 위해 다른 학생들과 함께 나왔습니다. 그러나 그의 조그만 얼굴은 긴장의 빛이 역력하였고, 눈물을 참으려고 애를 썼습니다. 그는 성공하지 못한 것입니다.

나는 그가 그날 밤을 "공을 떨어뜨린" 밤으로 평생 동안 기억을 하게 될 것을 생각하니 마음이 아팠습니다.

나는 얼마나 자주 인생을 이런 식으로 생각하는지 모릅니다. 어릴 적 피아노 선생님은 우리들이 대회에 나가는 것을 좋아해서, 학생들에게 해마다 몇 번씩 참석하라고 했습니다. 그래서 나는 자랄 때 열두 번 이상 대회에 나갔습니다.

그러나 나는 그중에 단지 두 가지 경우만 생각납니다. 바로 기다란 피아노 건반을 두 손으로 이리저리 옮겨 다니다가 짚어야 할 부분을 제대로 짚지 못한 경우입니다. 마치 뚜껑 없는 팝콘 기계에서 팝콘이 튀어나오듯 불협화음이 퍼져 나갔고, 청중들은 하나같이 얼굴을 찌푸렸습니다.

그러나 그 누구도 그렇게 신경 쓰지 않았습니다. 그들은 모두 자기 자녀들이 연주할 차례를 초조하게 기다리고 있던 부모들이었기 때문입니다. 그러나 피아노 연주 대회 이야기가 화제에 오르면 나는 "공을 떨어뜨렸던" 그 대회를 화제로 삼곤 합니다!

전문가들은 말하기를, 부정적인 말 한 마디를 하려면 적어도 다섯 마디 이상의 칭찬이 필요하다고 합니다.

제4부 나의 좌절을 어루만지시는 하나님

그러나 나는 그렇게 생각지 않습니다.

우리들 대부분은 적어도 열 번, 스무 번, 아니 쉰 번 이상이 필요합니다. 우리는 좋은 것은 마치 탁탁 튀는 불꽃처럼 불어서 꺼 버리고, 부정적인 것은 촛불을 손으로 감싸 보호하듯이 간직하는 경향이 있습니다.

그러나 하나님은 그렇게 하시지 않습니다. 우리를 자랑스럽게 생각하시고 사랑하시는 하나님 아버지께서는 우리가 실수한 것에 주목하지 않습니다. 우리가 혼신의 힘을 다해 노력하는 것을 보시면서 사랑의 미소를 보내시며, 그리고… 박수를 치십니다.

당신은 하나님께서 그 어린 소년을 보고 미소를 지으며 다음과 같이 말씀하시는 것을 그려 볼 수 있겠습니까? "애야, 나는 네가 자랑스럽단다. 나는 네가 최선을 다했다는 것을 알고 있다. 그리고 나를 기쁘게 하려고 했다는 것도 잘 알고 있단다. 참으로 잘했다!"

나는 이를 확신합니다! 왜냐하면 기드온이 히브리서 11장에 나오는 믿음의 영웅들의 영예의 전당에 그 이름이 들어가 있기 때문입니다.

사사기 6-7장에 나오는 기드온의 이야기를 읽어 보십시오. 그리고 그 광경을 상상해 보십시오. 기드온은 약하고, 겁쟁이였고, 두려워했습니다. 그리고 그는 순종하기 이전에 여러 차례나 하나님의 능력을 시험하였습니다.

그럼에도 하나님께서 그를 처음에 만나실 때에 "큰 용사"라고 하셨습니다(사사기 6:12). 놀라울 뿐입니다!

하나님께서는 기드온에게 바알의 단을 헐라고 하셨습니다. 그러나 기드온은 죽을 것이 두려워서 밤에 행하였습니다! 또한 이스라엘을 이끌고 전투에 나가기 전에 그는 몰래 적진에 들어가서 자기들의 패배와 연관된 꿈에 대해 이야기하고 있는 적군 두 사람의 말을 몰래 엿들었습니다. 하나님께서 정말로 이스라엘을 구원하실지 확신이 들지 않아 그런 행동이 필요했던 것입니다. 그러나 두려움에 떨면서도 그는 하나님께 순종하였습니다.

하나님께서 우리에게 기대하시고 명령하시는 바는 아주 간단합니다. 바로 순종입니다. 하나님께서는 내가 삶의 여러 요구들을 다 만족시키지 못할 것을 잘 알고 계십니다. 하나님께서는 이 점에 대하여 내게 교훈을 주셨습니다. 하나님께서는 내가 다른 사람과 비교하지 말라고 말씀하셨습니다. 그리고 내게 주시지 않은 것을 애써 구하지 말고 하나님께서 이미 주신 것을 잘 사용하라고 하십니다. 그리고 하나님께서 내게 하라고 하신 일을 위해 능력을 주실 것을 신뢰하라고 말씀하십니다.

믿음의 경주를 하다가 넘어져 땅에 엎드러져서 코가 깨지고 완전히 실패한 것처럼 느껴질 때도, 내가 하는 모든 일의 동기는 바로 하나님께 대한 순종이라는 것을 기억하게 됩니다. 나는 사람을 위하여 하지는 않습니다. 하나님께서 나의 인도자이시며 나를 보고 계시기 때문에, 나는 항상 하나님 아버지께 시선을 맞추어야 합니다. 바로 나를 격려하시며, 미소를 지어 주시고, 나를 일으켜 세워 주시며, 먼지를 떨어 주시고, 깨끗이 씻어 주시며, 상처를 싸매 주시고, 치료하여 주는 분이십니다. "애야, 나는 네가 자랑스럽다. 네 시도는 좋았다. 이제 뒤에 있는 것은 잊어버리고 앞에 있는 것을 향해 달려가기 바란다. 너는 나의 사랑하는 보배란다."

제4부 나의 좌절을 어루만지시는 하나님

아버지 하나님, 제가 공을 떨어뜨린 것에 대해서는 잊어버릴 수 있도록 도와주소서. 주님께서도 잊으시는데 제가 왜 못하겠습니까?

형제들아, 나는 아직 내가 잡은 줄로 여기지 아니하고 오직 한 일 즉 뒤에 있는 것은 잊어버리고 앞에 있는 것을 잡으려고 푯대를 향하여 그리스도 예수 안에서 하나님이 위에서 부르신 부름의 상을 위하여 좇아가노라.

빌립보서 3:13-14

20

외양의 행복

그들은 모두 무척 행복해 보였습니다. 자매 수양회에 모여든 그들은 모두 하나같았습니다. 그들은 사회자의 우스갯소리에 웃음을 터뜨렸고, 독창을 듣고 우레와 같은 박수를 보냈으며, 찬송 인도자가 인도하는 대로 즐겁게 노래를 했습니다.

그러나 겉껍질을 벗겨 내면 표면 밑에는 끔찍한 상처들이 숨겨져 있었습니다.

"내 딸아이는…." 그녀의 목소리는 끊어졌습니다. 그러다가 다시 약하게 말했습니다. "내 딸아이는 동성연애자예요."

그리고 다음 사람은 눈에 눈물이 가득한 채 고백했습니다. "지난주에 동생 남편이 아이들 보는 앞에서 자기 아내를 총으로 쏴 죽였어요. 그리고 자살을 했어요."

머리가 희끗희끗한 한 여인은 다음과 같이 말했습니다. "내 남편은…. 우리는 결혼 이후 줄곧 남아메리카에서 선교사로 지내 왔습니다. 이제 우리 아이들은 다 자랐습니다. 우리는 마치 전혀 반대 방향으로 나아가는 두 척의 철갑선 같습니다. 서로 간에 우정도 없고, 친밀감도 없으며, 결혼 생활 중 거의 대화가 없습니다."

조용히 들었습니다. 참 안됐다는 생각이 들었습니다. 내 마음도 아팠습니다. 그들을 도와주고픈 마음이 간절히 들었습니다.

하지만 어떤 경우에는 이런 것들이 너무 힘에 겹다는 생각이 듭니다. 내가 도와주기에는 능력이 부족하다고 느껴집니다. 경험과 지식 양면에서 모두 부족함을 느낍니다. 그 자매들은 격려가 필요합니다. 그러나 그런 끔찍한 고통에 맞서서 내가 말해 줄 수 있는 게 무엇이 있겠습니까?

이런 경우에 하나님께서는 종종 다음과 같이 말씀하십니다. "캐롤, 너는 아무 말도 할 필요가 없단다. 너는 네가 위로의 어머니라도 되는 줄로 생각하니? 애야, 격려와 안식을 주는 이는 나밖에 없다는 것을 기억하거라. 나는 모든 자비의 아버지이며 모든 위로의 하나님이기 때문이다(고린도후서 1:3-4). 네가 할 일은 단지 듣는 것이다. 그리고 그들이 내게로 나아오게 하는 것이란다."

그래서 나는 크게 심호흡을 한 다음, 최대한 빨리 시간을 내어 하나님께 나아가 긴 교제의 시간을 가지면서 시편 62:8에서 말씀하신 대로 해 보라고 제안해 줍니다. "백성들아, 시시로 저를 의지하고 그 앞에 마음을 토하라. 하나님은 우리의 피난처시로다."

일들이 너무 과중해 보일 때 나는 문을 닫고 방에 들어가 무릎을 꿇습니다. 그러고는 내 마음을 쏟아 놓습니다. 나는 하나님께 모든 것을 낱낱이 아룁니다.

나의 감정, 내가 받은 상처, 다른 사람과의 관계 등. 나는 나의 가장 친한 친구에게 하듯이 나의 마음을 쏟아 놓습니다. 주님

제4부 나의 좌절을 어루만지시는 하나님

은 이 땅의 어떤 친구보다도 뛰어나십니다. 주님은 나의 어려움과 상처에 대하여 뭔가 하실 수 있는 분입니다. 그리고 하나님께서는 절대로 비밀을 누설하지 않으십니다.

내 마음을 쏟아 놓은 후에 나는 경청합니다. 하나님의 고요하고 세미한 음성을 듣습니다. 하나님께서는 언제나 내게 필요한 것을 주십니다. 어떤 때는 교훈을, 어떤 때는 위로를, 또 어떤 때는 새로운 생각이나 격려를 주십니다. 언제나 나는 평강과 기쁨과 안식을 누리며 자리에서 일어나곤 합니다.

내 주위 사람들의 영혼을 공격하는 끔찍한 문제들에 직면할 때 나는 무력감을 느낍니다. 그러나 하나님께서는 그렇지 않으십니다!

나는 하나님의 자녀들 모두가 마음을 하나님 아버지께 쏟아 놓는 법을 배웠으면 합니다!

주님, 주님께서는 결코 듣는 일에 싫증을 내지 않는 분임을 인하여 감사합니다. 저 같으면 싫증을 내고 듣지 않으려 할 것입니다. 그러나 주님께서는 인내와 자비가 무궁하시며 온유하게 이해하여 주시고, 전혀 피곤치 아니하시는 분이십니다. 제 마음을 다 쏟을 수 있도록 허락하여 주시는 주님과 같은 분을 아버지로 모신 것이 얼마나 축복된 것인지 모르겠습니다. 저의 모든 상처, 염려, 불평, 시련 등 모든 것을 들어주시며, 주님께서는 제게 다 쏟아 놓으라고 명하셨습니다! 그리고 주님께서는 잘 들어주십니다! 주님께서는 제가 어려울 때에 정말 도움을 주시는 분이십니다.

주님, 감사합니다.

주께서 내 마음에 두신 기쁨은
저희의 곡식과 새 포도주의 풍성할 때보다 더하니이다.
내가 평안히 눕고 자기도 하리니
나를 안전히 거하게 하시는 이는 오직 여호와시니이다.

시편 4:7-8

여호와여, 주는 겸손한 자의 소원을 들으셨으니
저희 마음을 예비하시며 귀를 기울여 들으시고.

시편 10:17

여호와는 나의 힘과 나의 방패시니
내 마음이 저를 의지하여 도움을 얻었도다.
그러므로 내 마음이 크게 기뻐하며
내 노래로 저를 찬송하리로다.

시편 28:7

불평

그 날은 별로 기분 좋지 않게 시작했습니다. 그리고 줄곧 내리막길을 걸었습니다.

5주간의 여행을 완벽하게 준비하기 위하여 나는 계속 서둘렀습니다. 변속 기어를 3단이나 뛰어넘었습니다. 꼭대기 찬장에 있는 선반에 물건을 올려놓으려다가 샐러드드레싱이 잔뜩 든 병을 떨어뜨렸습니다. 병은 산산조각이 났고, 내용물은 캐비닛과 카펫과 내 흰옷에 튀었습니다.

나는 종이 타월을 집어 들고서는 그 진득진득한 내용물을 재빨리 닦으려고 노력했습니다. 너무 서두르다가 열린 캐비닛 문 모서리에 이마를 부딪쳤습니다.

한 손으로는 머리를 움켜잡고, 다른 한 손으로는 걸레질을 하면서, "오늘은 별로 좋지 않은 날이군!"이라고 불평을 했습니다.

그때가 겨우 오전 8시 15분이었습니다.

그런 날에는 객관적으로 생각하기가 힘이 듭니다. 그러나 어떤 때는 마음속으로 한 발짝 뒤로 물러나서 잠시 내 자신의 음성을 들을 수 있습니다. 그리고 나는 내가 듣는 자신의 음성을 좋아하지 않습니다. 믿어지지 않겠지만, 그 소리는 대개 불평이 가득 찬 소리이기 때문입니다.

무한한 인내심으로 나의 이런 면을 계속 거듭해서 지적하여 주시는 하나님께 나는 너무너무 감사를 드립니다. 최근에 이러한 일이 똑같이 일어났고, 여느 때와 마찬가지로 하나님의 말씀을 들었습니다.

고린도전서 10장을 읽기 시작했습니다. 바울이 고린도 교회에 한 말이 내게는 별로 해당되지 않을 거라고 생각했습니다. 그는 죄악이 많은 일단의 무리들에게 말하고 있는 것이기 때문에, 나 같이 별로 나쁘지 않은 사람에게는 해당되지 않는 게 아닙니까?

도무지 깨닫지 못하는 이 고린도 교회 사람들에게, 바울은 이스라엘 자손의 죄악을 예로 들어 구체적으로 설명합니다. "너희는 우상 숭배하는 자가 되지 말라"(7절). 나는 마음속으로 "이건 나와 무관하군" 하고 말했습니다.

"우리는 저희와 같이 간음하지 말자"라고 말하자, 나는 마음으로 "당연하지!"라고 말했습니다.

"우리는 저희와 같이 시험하지 말자"라고 하자, 나는 "옳습니다"라고 반응했습니다.

그러나 그가 말한 네 번째 내용은 사정이 달랐습니다. "(저희 중의 어떤 이들이 원망하다가 멸망시키는 자에게 멸망하였나니) 너희는 저희와 같이 원망하지 말라." 아니!

내게는 원망하는 것이나 불평하는 것은 그렇게 대단한 것이 아니라고 생각되었습니다. 왜 하나님께서는 원망하는 것을 우상 숭배나 간음이나 하나님을 시험하는 것과 함께 나열하고 계실

제4부 나의 좌절을 어루만지시는 하나님

까요?

나는 그 이유를 분명히 알지 못하지만, 하나님께서는 분명 그렇게 하고 계십니다. 이에 대하여 묵상하면서, 나는 우상 숭배는 하나님 자신보다 다른 것을 더 중요하게 여기는 것이며, 간음은 하나님을 모독하는 것이며, 시험하는 것은 하나님을 무시하는 것이라는 생각이 들었습니다. 그러면 불평하고 원망하는 것은 무엇과 같을까요? 원망하는 것은 하나님의 은혜를 부인하는 것이라고 생각되었습니다. 이는 바로 하나님께서 나를 올바로 대우하여 주지 않는다고 말하는 것입니다.

자백 기도를 하지 않을 수 없었습니다. 이따금 나는 불평하고, 투덜거리고, 푸념하고, 혼잣말을 하고, 볼멘소리를 발하는 자신을 발견하곤 하기 때문입니다.

그런 기분이 들었던 어느 날, 나는 다음과 같이 썼습니다.

주님, 불평하고 싶은 마음이 듭니다.
   머리는 아프고,
   목은 부어 있으며,
   결혼 준비가 한창이고,
   이제 두 주밖에 남지 않았는데,
   뜻밖에 교통사고를 당하였습니다.
주님, 다행히 큰 사고는 아니었습니다.
아무도 다치지 않아 감사를 드립니다.
그러나 어떻게 해야 할지 난감합니다!
   익숙한 우리 차가 없이 도심 한가운데서,
   친구가 대신 빌려 준 조그만 차를 타고 있습니다.
   3시간 거리에 있는 집에 가구를 갖다가 놓으려 했지만

트레일러 고리가 사고 난 차에 있습니다!
그리고 남편은 수천 km 밖에 있습니다!
어찌해야 할지 몰라 무력감을 느낍니다.
그러나 저는 지금 주님의 말씀을 읽습니다.
　"너희 염려를 다 주께 맡겨 버리라.
　이는 저가 너희를 권고하심이니라"(베드로전서 5:7).
주님께서는 저를 돌보십니다!
주님께서는 돌보실 수 있을 뿐만 아니라 기꺼이 돌보아 주십니다!

주님, 제 마음에 쌓인 걱정거리들을 주님께 맡기도록 도와주소서.
주님께서는 제가 이렇게 하기를 원한다고 말씀하셨기 때문입니다!
　주님은 놀라우신 분이십니다. 감사를 드립니다.

추신: 주님, 제가 불평했던 것을 용서하여 주십시오!

네 짐을 여호와께 맡겨 버리라.
너를 붙드시고
의인의 요동함을 영영히 허락지 아니하시리로다.
　　　　　　　　　　　　　　　시편 55:22

고 통

19 79년 4월이었습니다. 사랑하는 여동생이 죽음을 맞고 있었습니다.

나는 죽음이란 단어를 생각하며 떨었습니다. 온갖 생각이 스쳐 지나갔습니다. 동생을 생각하니 고통스럽고 애가 탔습니다.

병실에서 동생을 간호하며 동생 침대 옆에 앉아 있었습니다. 의자가 딱딱하고 편평했기 때문에 오랜 시간 동안 깨어 있을 수 있었습니다. 동생은 신음하며 고통을 완화시켜 줄 주사를 놓아 달라고 하였습니다. 그리고 구역질을 했습니다. 피부는 회색빛이었습니다. 백지장 같은 손은 흐느적거리며 겨우 모양을 유지했습니다.

동생이 다섯 살이었을 때를 기억합니다. 하얀 토끼털 코트에 몸에 꼭 끼는 하얀색 바지를 입고 있었습니다. 동생은 코트는 좋아했지만 그 바지는 무척 싫어했습니다. 오빠와 나는 동생이 마치 막대기 두 개에 달린 마시멜로 과자 같다고 놀렸습니다.

동생은 울었습니다. 그리고 지금 그 잔인한 말을 기억하며 나도 울음을 멈출 수 없습니다.

동생이 고등학교에 다니고, 내가 근처 대학에 다닐 때 우리는 아주 친했습니다. 우리는 결혼할 때 서로 들러리가 되어 주었습니다.

나는 죽어 가는 과정의 수치스러움에 대하여 생각해 보았습니다. 뇌 부위의 압력 때문에 얼굴이 마비되어 입 한쪽으로 침을 질질 흘리는 사람이 되는 수치입니다. 한때는 아름다운 머리카락이 면류관이었던 사람이 대머리가 되는 수치입니다. 식사할 때도, 심지어 부드러운 삶은 계란을 먹을 때에도 다른 사람의 손, 어떤 경우에는 내키지 않는 손을 의지해야만 하는 수치입니다. 알지도 못하는 사람의 손에 의해 자신의 몸이 드러나고 이리저리 검사를 받는 수치입니다. 병실에 갓 결혼한 딸아이의 사진을 붙여 놓았는데 아무것도 모르는 실습 간호사가 "손녀신가 보죠?"라고 묻는 것을 듣는 수치입니다. 그들은 얼마 전까지만 해도 서로 자매간이 아니냐는 소리를 들었던 형편이었습니다.

그리고 약함입니다.… 흘러내리는 눈물을 닦을 수도 없고, 물컵을 입에 제대로 갖다 댈 수도 없는 약함입니다. 과거의 사실을 기억할 수 없지만, 자기가 기억하지 못한다는 사실을 여전히 깨닫고 있는 약함입니다.

전화에서 수천 km 떨어진 곳에 있는 남편의 음성을 들었을 때 나는 마음을 자제할 수가 없었습니다. 목사님이 내 팔을 두드려 주었을 때 결국 울음을 터뜨렸습니다. 여동생이 자기 남편을 위해 그리고 나를 위해 기도할 때, 나는 다른 방으로 가서 눈물을 흘릴 수밖에 없었습니다. 아무런 힘도 없는 동생이 오히려 우리의 강건함을 위하여 기도했습니다. 우리가 앞으로 있을 일을 잘

제4부 나의 좌절을 어루만지시는 하나님

대처할 수 있도록 은혜를 베풀어 주시기를 기도했습니다. 자기가 평온히 죽을 수 있도록 기도했습니다. 그리고 나도 동생을 위해 기도했습니다.

나는 크게 울었습니다.

잿빛 하늘이 내 기분을 그대로 드러내어 주었습니다. 그러나 때는 봄이었습니다. 지저분하게 쌓인 눈 더미가 계속 살아남으려는 싸움을 끝내 가고 있었습니다. 밑에서는 크로커스의 씩씩한 새싹이 나와 결국에는 이길 것입니다. 이 생생한 모습을 통해 진리를 기억할 수 있어서 감사했습니다. 찬송가 가사 하나가 생각났습니다. "복된 소식이여! 하나님의 자녀는 결코 죽지 않는다네!"

그러나 내 마음은 동생의 고통으로 인한 좌절과 분노에서부터 영원한 생명에 대한 확실한 소망 가운데 즐거워하는 것 사이를 왔다 갔다 하였습니다. 나도 모르는 감정 상태와 갈등 때문에 무력하고 두려움을 느꼈습니다. 속으로 눈물을 흘렸습니다. 그러나 동생의 고통 앞에서는 조용하고 평안한 상태를 유지하려고 싸움을 했습니다.

읽다가 덮어 둔 성경을 읽기로 마음을 먹고 이스라엘의 멸망에 대한 세 장을 읽었지만 마음에 남는 것이 하나도 없었습니다. 그러다가 갑자기 한 구절이 보였습니다!

> 사망을 영원히 멸하실 것이라.
> 주 여호와께서 모든 얼굴에서 눈물을 씻기시며,
> 그 백성의 수치를 온 천하에서 제하시리라.
> 여호와께서 이같이 말씀하셨느니라.
>
> 이사야 25:8

동생의 얼굴을 사랑스럽게 바라다보았습니다. 친구의 말이 기억났습니다. "우리는 산 자의 땅에 있다가 죽은 자의 땅으로 가는 것이 아니라, 죽은 자의 땅에 있다가 산 자의 땅으로 가는 것이다."

나는 생각했습니다. 어느 날… 그리 멀지 않은 때에… 믿는 자는 누구나 그곳에 있을 것입니다.… 바로 산 자의 땅에!

우리는 더 이상 눈물을 흘리지 않을 것입니다. 주님께서 말씀하셨기 때문입니다.

그리고 나는 부드럽게 속삭였습니다. "할렐루야!" 왜냐하면 반드시 그렇게 될 것을 알기 때문입니다.

하나님 아버지, 제가 한 터럭의 의심도 없이, 이 세상에서 제가 사랑했던 사람들, 주님을 아는 사람들이 죽음 뒤에 주님과 함께 있을 것과 그들의 모든 고통이 끝날 것을 알 수 있어서 감사드립니다. 우리의 모든 고통을 씻어 주실 그날을 바라볼 수 있도록 도와주시옵소서.

죽은 자의 부활도 이와 같으니, 썩을 것으로 심고 썩지 아니할 것으로 다시 살며, 욕된 것으로 심고 영광스러운 것으로 다시 살며, 약한 것으로 심고 강한 것으로 다시 살며, 육의 몸으로 심고 신령한 몸으로 다시 사나니, 육의 몸이 있은즉 또 신령한 몸이 있느니라.

고린도전서 15:42-44

또 내가 들으니, 허다한 무리의 음성도 같고 많은 물소리도 같고
큰 뇌성도 같아서, 가로되 "할렐루야! 주 우리 하나님 곧
전능하신 이가 통치하시도다. 우리가 즐거워하고 크게 기뻐하여
그에게 영광을 돌리세. 어린양의 혼인 기약이 이르렀고, 그
아내가 예비하였으니, 그에게 허락하사 빛나고 깨끗한 세마포를
입게 하셨은즉, 이 세마포는 성도들의 옳은 행실이로다."

요한계시록 19:6-8

하나님의 속삭임

제5부

나의 찬송 중에
승리하시는 하나님

할렐루야!
그 성소에서 하나님을 찬양하며
그 권능의 궁창에서 그를 찬양할지어다.
그의 능하신 행동을 인하여 찬양하며,
그의 지극히 광대하심을 좇아 찬양할지어다.
호흡이 있는 자마다 여호와를 찬양할지어다.
할렐루야!
시편 150:1,2,6

내가 읽은 것처럼
"기쁨이란
왕이 성에 거할 때
나부끼는 깃발과 같다"라고 하면,
찬양이란
왕의 악대가
그의 궁정에서
연주하는 것이
될 것입니다.

제5부 나의 찬송 중에 승리하시는 하나님

결혼식

화촉을 밝혀야 하는 신랑과 신부의 어머니들에게 문제가 생겼습니다. 아무리 애를 써도 촛불이 자꾸 꺼졌습니다. 여러 번 시도 끝에 초 14개 중 4개를 그냥 놔둘 수밖에 없었습니다. 그러고서는 실수 때문에 부끄러워 복도를 따라 물러 나왔습니다.

나는 늘 결혼식 중에 한 가지라도 잘못되는 게 없으면 그 부부는 정말로 결혼한 것이 아니라고 말했습니다. 그러나 어떤 결혼식의 경우에는 처절한 재난이었습니다.

결혼식에서 꽃을 드는 소녀가 실수로 신부 드레스 옷자락을 밟고 있는 것을 상상해 보십시오. 신부가 서약을 하려고 돌아서려 할 때 드레스는 허리 밑으로 반이나 찢겼습니다. 결혼식 내내 신부는 드레스를 한쪽 손으로 움켜쥐고 있어야 했습니다.

결혼식 직전에 웨딩드레스가 벽에 걸려 있었는데, 이를 보고 꽃을 드는 소녀가 너무 길다고 생각한 나머지 옷을 가위로 잘라 버리는 광경을 그려 보십시오.

 아마도 내가 들었던 가장 끔찍하고 충격적인 이야기는 늦게 시작된 결혼식의 경우일 것입니다. 마침내 신부가 복도를 따라 입장하였을 때 목사가 물었습니다. "당신은 이 남자를 합법적인 남편으로 받아들이겠습니까?"라고 물었습니다. 그러자 신부는 단호하게 대답했습니다. "아니요, 결코 그렇게 하지 않을 것입니다."

 아마 질문을 잘못 들은 것으로 생각한 목사님이 다시 물었습니다. 그러자 신부는 다시금 "아니요, 결코 그렇게 하지 않겠습니다"라고 대답했습니다.

 당황한 나머지 목사님은 신랑과 신부를 곁방으로 데리고 갔습니다. 목사는 그들의 행동에 대하여 물으며 어찌된 일이냐고 물었습니다. 신부가 설명했습니다. "저는 어쩔 수 없는 이유로 결혼식장에 늦게 도착했습니다. 제가 도착했을 때 그는…." 신부는 분노의 눈으로 신랑을 바라보고 나서, 말을 이었습니다. "그는 제게 욕설과 저주를 퍼부었습니다. 복도를 걸어 들어오면서 저는 결혼식 날에 신부를 욕하고 저주하는 사람과는 절대로 결혼할 수 없다는 것을 깨달았습니다."

 최근 내가 들은 비극적인 이야기는 오전 11시에 예정된 결혼식에 앞서 미리 옷을 갈아입고 사진을 찍기 위해 부대 안에 있는 교회에 9시 45분에 도착하였으나 예배당 문이 굳게 잠겨 있었던 일입니다. 이리저리 찾아보았으나 유일하게 열쇠를 가지고 있던 장교가 나타나지 않았습니다. 결혼식 화환과 목사님이 연이어 도착하고 하객들도 모였습니다. 그러나 예배당은 여전히 굳게 닫혀 있었습니다. 오랜 기다림 끝에 담당 장교가 12시에 나타났습니다. 그는 1시에 예정된 결혼식을 준비하려고 온 것입니다. 신부는 지붕 없는 휴게실에서 드레스를 입어야 했습니다. 결혼식은 15분 만에 끝이 났습니다. 그 주례 목사는 1시에 있을 다른 결혼식을 위해 급히 가야만 했습니다. 하객 중 절반만이 피로연에 참석하였습니다. 그것도 2시가 되어서야 준비가 되었습니다. 엎친 데 덮친 격으로 결혼식 사진들은 변색되고 흐려진 모습으로 돌아왔습니다.

우리 결혼식 때에는 신랑 들러리가 반지를 분실했습니다. 한 시간 뒤 의자의 쿠션 사이에서 발견하였습니다. 결혼식 이야기가 나올 때면 남편이 나지막한 목소리로 "나는 이 반지로 당신과 결혼했지" 하고 말하곤 하는데 웃음을 참을 수 없습니다.

옛날 어느 시골에 조그만 마을이 있었습니다. 그곳에는 식료품 가게도 없었고 대부분의 물은 그냥 마실 수 없는 상황이었습니다. 그런 곳에서 결혼식이 있었습니다. 예식 자체는 순조로이 진행되었습니다. 그러나 혼인 잔치가 한창 진행되고 있을 때 참으로 낭패스러운 일이 생겼습니다. 잔칫상을 바라보던 하인의 얼굴이 하얗게 질렸습니다. 황급히 지하실로 가서 포도주를 찾아보았으나 아무 소용이 없었습니다. 손님들을 대접할 포도주가 하나도 없었던 것입니다. 살 만한 곳도 없었고 어디서 빌릴 데도 없었습니다. (요한복음 2:1-11 참조.)

이 상황을 눈치 챈 마리아는 아들에게 뭔가 좀 어떻게 해 보라고 요청했습니다. 잠시 후에 하인은 진하고 붉은 포도주를 항아리에서 쏟아 내고 있었습니다. 잠깐 전만 하더라도 물이 담겨 있던 것이었습니다.

연회장에게 포도주가 도착했을 때 그는 맛을 보고 나서 신랑을 옆으로 불러서 말했습니다. "사람마다 먼저 좋은 포도주를 내고 취한 후에 낮은 것을 내거늘 그대는 지금까지 좋은 포도주를 두었도다."

첫 번째 기적을 통해 예수님께서는 곤경을 즐거움으로 바꾸셨습니다.

어머니의 요청과 성공적인 결혼식에 대한 예수님의 관심에 놀라움을 금치 못합니다. 또한 예수님께서 물을 포도주로 바꾼 것 때문에 놀랐을 뿐 아니라, 포도주의 품질 때문에 놀랐습니다.

나는 또한 하인들의 놀라운 순종에 감탄하였습니다. 이에 대하여 생각해 보신 적이 있습니까? 우리는 물이 언제 포도주로 바뀌었는지 모릅니다. 그러나 몇 가지 이유로 해서 나는 그 하인이 항아리의 물을 손님들의 잔에 부을 때까지는 단지 물처럼 보였을 것이라고 생각합니다. 물을 보며 하인들이 섬기기를 거부했다면 어떻게 되었겠습니까? 하인들의 믿음과 순종은 이 놀라운 이야기의 상당한 부분을 차지해야 할 것입니다.

어쨌든 나는 예수님의 첫 번째 기적이 결혼식장에서 일어난 것에 기뻐합니다. 생명이 위험하거나 위급한 상황이 아니었음에도 사려 깊은 도움을 주신다는 사실을 알았기 때문입니다. 단지 그냥 당황스러운 상황 속에서도 그런 놀라운 일을 해 주신 것입니다. 주님께서는 사랑으로 행하셨습니다. 죽은 자를 살리기 위해서가 아니라 산 자에게 즐거움을 주기 위해서입니다. 눈먼 자의 눈을 뜨게 하시기 위해서가 아니라 낙담한 자를 격려하기 위해서입니다. 어떤 심오한 필요를 채우기 위해서가 아니라 그 순간 절실히 필요한 것을 공급해 주시기 위해서입니다. 그렇게 하심으로써 그리스도께서는 우리의 모든 삶 하나하나에까지 그분의 관심이 미치고 계심을 온 세상에 드러내셨습니다.

　오래전에 하나님께서는 우리 삶의 세세한 것까지 관심을 가지고 계신다는 사실을 내게 개인적으로 가르쳐 주셨습니다. 하나님께서는 내 삶의 '큼직한 문제'를 대처하도록 돕기 위해 능력으로 함께하실 뿐만 아니라 나의 '일상적인' 작은 일에도 사랑으로 함께하십니다. 주님께서는 날마다 나와 함께 동행하여 주시고, 주님의 관심과 사랑을 보여 주십니다. 결혼식 때만이 아니라 연이은 나날들에도 순간순간 함께하여 주십니다. 주님께서는 나의 모든 필요를 채워 주시겠다고 약속하셨습니다. 매일매일의 일상적인 필요도 주님의 관심 안에 있습니다. 주님께서는 나의 큰 소원뿐 아니라 작은 바람도 채워 주십니다.

　그리고 때로 주님께 나아가 "주님, 제게 …가 필요한데요"라고 속삭일 때가 있습니다. 그러면 주님께서는 나의 일상적인 생활의 모든 세세한 필요에까지 관심을 보이며 함께하여 주십니다. 나는 놀라움과 경이감을 느낄 뿐입니다.

　주님, 주님의 관심에 감사를 드립니다. 제가 매일 직면하는 평범한 일과 순간 속에서 저와 다른 사람에게 주님의 사랑이 임하는 것을 볼 수 있나이다. 제가 주님께 초점을 맞출 수 있도록 도와주소서. 비록 제게 닥친 곤경이 아주 사소한 것처럼 보일 때에도 주님의 능력을 구할 수 있도록 도와주소서.

　하나님이여, 주의 생각이 내게 어찌 그리 보배로우신지요.
　그 수가 어찌 그리 많은지요.

하나님의 속삭임

내가 세려고 할지라도 그 수가 모래보다 많도소이다.
내가 깰 때에도 오히려 주와 함께 있나이다.

시편 139:17-18

제5부 나의 찬송 중에 승리하시는 하나님

24
어머님, 감사합니다

올해 시어머니께서는 94세가 되었습니다. 그러나 아직도 정정하고 활달하시며, 참으로 놀라운 삶을 살고 있다고 자신 있게 소개할 수 있습니다!

일 년에 두 차례 시어머니께서는 콜로라도에 있는 우리 집을 방문하십니다. 비행기를 타실 때마다 어머님은 기장을 만날 수 있게 해 달라고 요청합니다. "안녕하세요? 저는 룻 메이홀입니다. 이 비행기의 안전을 위해 기도하고 싶군요"라고 말씀하시는데, 한 번도 거절당한 일이 없습니다.

지난 7월에 조종석에 들어갔을 때의 일입니다. 기장이 "안녕하세요, 룻 할머니. 이전에 저와 함께 기도하신 적이 있었지요"라고 말했습니다.

이륙하기 직전 한 승무원이 어머님 좌석에 다가와 조용히 말했습니다. "할머니의 기도 덕분에 우리 비행기가 무사했어요. 방금 활주로에서 조그만 실수가 있었는데 승무원들이 순간 놀랐답니다. 기도해 주셔서 감사합니다!" 어머님이 다른 비행기로 갈아탈 때 다른 도시에서 온 공항 직원이 휠체어를 끌고 와서 도와주었습니다. 그러면서 "룻 할머니 아니세요! 할머니가 바로 기도를 통해 비행기를 구해 낸 분이시지요?" 아마 소문이 다른 사람들에게까지 퍼진 모양입니다!

말씀드린 바와 같이 우리 시어머님은 놀라운 분이십니다! 제게도 역시 큰 도전이 됩니다.

나는 내 나이에 마음은 아직도 청춘인데 외모는 그렇지 않다는 말을 자주 하곤 했습니다. 종종 거리의 가게 유리창에 비친 나의 모습을 보고는 '저게 누구지?'라고 생각하는 때가 있습니다. 나는 때때로 늙어 가는 것과 연관하여 내가 싫어하는 점에 마음이 쏠려 있을 때가 있습니다.

그러나 시어머니께서 그렇게 말씀하시는 것을 들은 적이 한 번도 없습니다! 오늘 아침에는 그 이유에 대해서 생각해 보았습니다.

시어머니께서는 시야를 현재의 것이 아니라 영원한 것에 두셨고, 잠깐 있다가 없어질 것이 아니라 영원히 지속될 것에 두셨습니다.

6월에 시어머니께서는 만 94세가 되셨습니다. 그러나 마음은 아직도 젊으십니다.

오늘 아침에 나는 이에 대하여 많이 생각했습니다.

너무나도 자주 나의 시선은 잘못된 것에 가 있습니다.

주름살에 눈이 가고, 흰머리가 많아지는 것에 신경이 쓰이며, 사람들이 나를 바라보는 시선에 관심이 가고, 체력이 너무나도 빨리 고갈되는 것처럼 느껴지며, 내가 더 이상 할 수 없는 것에 관심이 집중되는 경향이 있습니다.

그러나 이는 잘못된 것입니다. 그러한 사실에 시선과 관심을 집중시키는 것 자체가 올바른 행동이 아닙니다.

고린도후서 4:16-18에서는 다음과 같이 말합니다. "그러므로 우리가 낙심하지 아니하노니, 겉사람은 후패하나 우리의 속은 날로 새롭도다. 우리의 잠시 받는 환난의 경한 것이 지극히 크고 영원한 영광의 중한 것을 우리에게 이루게 함이니, 우리의 돌아보는 것은 보이는 것이 아니요 보이지 않는 것이니, 보이는 것은 잠깐이요 보이지 않는 것은 영원함이니라."

내가 관심을 집중하고 깨달아야 할 것이 바로 이것입니다. 나이가 들면 들수록 그만큼 더 내 속을 새롭게 하였다는 사실입니다. 그리하여 내 속사람은 이전보다 더욱 젊어지고, 강하고, 새롭게 되었다는 사실입니다.

나는 인생을 더욱 많이 경험하면서 하늘나라와 그곳의 영광에 대하여 더욱 선명한 시야를 가지게 됩니다. 내가 어떤 어려움을 겪든지 영원한 것에 비교하면 그것은 가볍고 일시적인 어려움이라는 것을 알 수 있습니다. 그런 현재의 어려움들은 그것과 비교할 수 없을 정도로 큰 영원한 영광을 가져옵니다.

그렇습니다! 나의 시선을, 눈에 보이고 일시적인 것 즉 늙어가고 있다는 사실에게가 아니라, 보이지 않고 영원한 것 즉 새로운 몸을 입고 하나님과 함께 영원히 사는 것에 두어야 합니다.

마치 강력 접착제로 붙이듯이 나의 시선을 거기에 고정시키기를 원합니다. 그리고 매 순간 이렇게 살기를 원합니다. 이럴 때에야 나의 초점은 올바른 곳에 있게 됩니다.

고린도후서 5:1에서는 땅에 있는 나의 장막, 이 장막이 언젠가는 무너지고 하나님께로부터 오는 영원한 장막으로 다시 세워진다고 말합니다. 사람의 손으로 지은 것이 아니라 하나님에 의해서 지어진 영원한 집입니다!

그러면 우리는 지금 이 땅에 살 동안 항상 기분 좋은 상태에 있게 된다는 것을 의미합니까? 그렇지 않습니다. 2절에서는 "과연 우리가 여기 있어 탄식하며…"라고 했고, 4절에서는 "짐 진 것같이"라고 했습니다. 탄식과 눌림은 이 땅에서는 아주 자연스런 것입니다. 그러면서 우리는 하늘로부터 오는 처소로 덧입기를 간절히 원하고 있습니다.

신나는 것은, 바로 하나님께서 이것을 우리에게 이루어 주신다는 것입니다(5절)! 그래서 우리는 "주를 기쁘시게 하는 자 되기를 힘써야" 합니다(9절).

시어머니께서는 이를 오래전부터 보여 주셨습니다. 나도 이를 속히 배우기를 원합니다.

하나님, 이 세상의, 잠시 있다가 사라져 버리는 일시적인 것들을 보고 그것에 집착하지 않도록 도와주시옵소서. 저는 진정으로 영원한 것에 제 마음을 고정시키기 원합니다.

기록된 바 하나님이 자기를 사랑하는 자들을 위하여 예비하신 모든 것은 눈으로 보지 못하고 귀로도 듣지 못하고 사람의 마음으로도 생각지 못하였다 함과 같으니라. 오직 하나님이 성령으로 이것을 우리에게 보이셨으니, 성령은 모든 것 곧 하나님의 깊은 것이라도 통달하시느니라.

고린도전서 2:9-10

장기적 승리

그 조그만 액자가 시선을 끌었습니다. 당신도 같은 것을 본 적이 있을 것입니다. "주님, 제게 인내를 더하여 주십시오. 지금 바로 주십시오."

나의 정곡을 찔린 것 같아 얼굴이 일그러졌습니다.

주위 사람들은 모두 "인스턴트"를 좋아하는 세상에 살고 있는데 나도 이들과 별로 다를 바가 없다고 생각됩니다. 세상은 그런 것을 원합니다. 사람들은 원하는 것을 즉시 또는 즉석에서 얻기 원합니다. 인스턴트 뉴스, 인스턴트식품, 인스턴트 오락….

그러나 생각해 보면 하나님의 목적에서는 "인스턴트"란 없습니다. 하나님의 경제 법칙에서는 장기적인 이익이 현재의 순간적인 이익에 항상 우선합니다.

히브리서 11:13-14에 나오는 믿음의 영웅들을 한번 살펴봅시다. "이 사람들은 다 믿음을 따라 죽었으며, 약속을 받지 못하였으되 그것들을 멀리서 보고 환영하며, 또 땅에서는 외국인과 나

그네로라 증거하였으니, 이같이 말하는 자들은 본향 찾는 것을 나타냄이라."

오늘날 우리들은 이런 일을 감당하지 못할 것 같습니다. 약속을 받지 못한다고요? 끔찍합니다. 멀리서 본다고요? 결코 볼 수 없습니다! 환영한다고요? 마음이 허락지 않습니다!

하나님께서는 성경의 영웅들을 소개하십니다. 아벨, 에녹, 노아, 아브라함. 이들은 우리들과 다르게 사물을 바라보았습니다. 물론 그들은 하나님의 약속이 빨리 성취되기를 원했습니다. 그러나 그들은 약속의 "장기적" 측면도 마음속에 굳게 붙잡고 있었던 것입니다.

그들은 자기 당대에 하나님의 약속이 이루어지는 것을 경험하였고, 이 경험이 그들로 하여금 약속의 장기적 측면을 굳게 붙잡도록 동기를 부여했습니다. 아벨의 제사는 열납되었습니다. 에녹은 죽음을 보지 않고 하늘로 갔습니다. 노아는 홍수 속에서도 살아남아 땅이 다시 세워지는 것을 보았습니다. 아브라함은 이삭을 얻었고 그가 재생산하는 것을 보았습니다.

그들은 영원한 시야를 가지고 장래에 이루어질 것을 믿음으로 바라봄으로써 흔들리지 않는 삶을 살았습니다. 그들은 끝까지 믿음을 따라 살았습니다. 그리고 죽는 그 순간까지도 하나님의 약속이 장차 언젠가 반드시 이루어질 것을 굳게 믿었습니다.

나는 하나님께서 내게 하신 약속을 오래 기다리지 않게 하시고 이루어 주시는 것에 감사하곤 합니다. 나는 하나님께서 내가 참을성이 없다는 것을 알고 계시리라고 확신합니다. 그러나 나는 요즈음 장래에 이루어질 약속을 생각하고 있습니다. 이는 훨씬 더 큰 약속입니다!

제5부 나의 찬송 중에 승리하시는 하나님

얼굴에 아름다운 빛이 돌았습니다. 광채가 나기까지 했습니다. 조그만 무리의 사람들에게 얘기하고 있는 도중이었습니다. "다음 수요일에 심장 절개 수술을 받아요. 수술이 성공하면 숨이 찬 것이 고쳐질 겁니다. 그리고 이전처럼 활기 있게 살 수 있을 겁니다. 그러나 만약 실패한다면" – 하나님의 영광의 광채가 엿보였습니다 – "만약 그렇게 되지 못한다면, 나는 주님과 함께 있을 겁니다." 잠시 머뭇거리다가 말을 이었습니다. "어떤 길로 가든 승리하는 겁니다."

그로부터 한 주 후에 우리 친구는 천국 문을 들어섰습니다. 그러나 우리는 그 말을 기억하고 마음에 위로를 받았습니다.

장기적인 시야로 볼 때 그녀는 승리한 것입니다.

하나님께서는 지속적으로 나의 시야를 영원한 것에 고정시키십니다. 우리의 시야가 장차 될 일이 아니라 현재의 것에 맞추어져 있다면 인생은 실망스럽고 좌절되는 때가 많을 것입니다.

하나님께서는 나에게 자녀를 단 한 명만 주셨습니다. 나는 더 갖기를 원했습니다. 간절히 구했습니다. 간청했습니다. 그러나 린이 전부였습니다.

나는 하나님께서 많은 자녀를 주겠다고 약속하시는 것을 들었다고 생각했습니다. 하나님께서 영적인 자녀를 배가시켜 주겠다고 말씀하신 "장기적" 약속을 나는 육신의 자녀가 많을 것이라는 "단기적" 약속으로 받아들인 것이 아닙니까?

나는 오랫동안 해외 선교사가 되기를 원했습니다. 무엇보다도 큰 소명으로 생각했기 때문입니다. 이것이 명백해 보이던 때가 있었습니다. 그러나 그때마다 문은 굳게 닫혔습니다. 하나님께서는 내 주위에서 땅끝까지 갈 수 있는 사람들을 많이 준비시키고 계신데, 이는 모르고 단지 내 단기간의 목표가 성취되기만을 바란 것은 아닐까요? 바로 내 딸 린이 해외 선교사가 되었기 때문입니다. 우리 주님께서는 "나중에"라고 말씀하실 때에 나는 "지금"만을 바라보고 있었던 것이 아닐까요?

나는 내가 하는 일의 즉각적인 결과를 보지 못하면 이를 실패라고 생각하는 경향이 있습니다. 그러나 히브리서 11:4에서는 아벨이 비록 죽었지만 지금도 여전히 말하고 있다고 기록합니다. 한 사람의 생은 무덤에 시신이 묻힌 이후에도 장기간에 걸쳐 영향력을 발휘할 수 있습니다. 내가 매일 순종하는 삶을 살면, 하나님께서 나를 인도하셨기 때문에 그 결과는 하나님께서 책임져 주실 것입니다. 그리고 내가 죽은 이후에라도 하나님께서는 나를 사용하셔서 여전히 증거하실 것입니다. 이는 참으로 위로가 되며 놀라운 약속입니다. 장기간의 약속!

내게는 지금 여기서의 일과 장차 일어날 영원한 일 사이에, 또한 단기간의 약속이 성취되도록 기도하는 것과 나의 마음과 생각과 소원을 하나님의 영원한 약속에 고정시키는 것 사이에 균형을 유지할 필요가 있습니다.

여기서 나는 오직 단기간만을 바라봅니다. 그러나 장기간의 약속이 단지 하나의 희망 사항이 아니라 장차 반드시 이루어질 사실로 내게 다가올 때, 현재 나의 삶에 기쁨을 주는 단기간의 약속은 별로 중요해 보이지 않게 될 것이라 믿습니다.

제5부 나의 찬송 중에 승리하시는 하나님

주님, 찬송가의 한 절이 마음속에 울려 퍼집니다. "영원한 영광을 미리 맛보네!" 현재 나의 삶에 기쁨과 아름다움이 있더라도, 이는 단지 미리 맛보는 것에 불과합니다. 로마서 8:18을 다음과 같이 풀어 써 봅니다. "내가 현재 당하는 고난… 그리고 내가 현재 누리는 안정감과 기쁨과 모험과 사랑은… 장차 우리에게 나타날 영광과 비교해 볼 때 아무것도 아닙니다."

주님, 저의 시야를 하늘에… 주님께 고정시키고 싶습니다. 현재의 삶 속에서 주님의 약속이 이루어지는 것을 통해 주님을 나타내 주시니 감사를 드립니다. 그러나 또한 주님께서 저를 위해 간직하고 계신 영원한 것들을 언제나 잊지 않도록 도와주소서.

주의 나라는 영원한 나라이니
주의 통치는 대대에 이르리이다.
주는 그 모든 약속에 신실하시며
그 만드신 만물에 자비하시도다.

시편 145:13(NIV)

하나님의 속삭임

제5부 나의 찬송 중에 승리하시는 하나님

환 영

한 두 시 반쯤 되었습니다. 여자 아이가 활주로를 뚫어지게 바라다보고 있었습니다. 잔뜩 긴장한 얼굴에 손에는 들꽃 한 묶음이 들려 있었습니다. 짧은 바지를 입었고 맨발 차림이었습니다.

조그만 아이를 안은 그 애의 엄마는 그 여자아이 뒤에 서 있었습니다. 나는 그들이 그렇게 간절히 기다리는 사람이 누군가 궁금해졌습니다.

출장에서 지친 사업가들이 출구를 통해 나왔습니다. 가족들도 나왔습니다. 나이 든 할머니들도 있었습니다. 사람들이 나올 때마다 나는 누굴까 속으로 그려 보았습니다.

대부분의 사람들이 공항을 빠져 나가자 꼬마의 얼굴이 근심스럽게 변했습니다. "엄마, 어디 계셔요? 정말 오시나요?"

엄마는 확신 있게 고개를 끄덕였습니다.

그러고는 미소를 지으며 "저기 오신다!"라고 말했습니다. 뿔

뿔이 흩어져 나오는 사람들 속에서 그를 발견한 것입니다.

그의 얼굴은 짐작하고도 남음이 있습니다. 눈가의 주름과 환한 미소를 보았습니다. 줄무늬 반바지와 구겨진 티셔츠에 운동화를 신고 있었으며 머리에는 아무렇게나 모자를 걸치고 있었습니다. 다른 모든 사람들은 그냥 지나쳤습니다.

그러나 이 사람은 열렬한 환영을 받았습니다. 마치 세상이 잠시 그 광경을 보기 위해 멈춰 선 듯했습니다. 그는 딸아이의 키에 맞게 구부렸습니다. 그리고 아이를 두 팔로 안았습니다. 그대로 일어서서는 아내와 꼬마를 안고는 열렬한 키스를 했습니다.

나는 이 조그만 환영식을 미소를 띠며 유심히 관찰했습니다.

그날 저녁 비행기에서 내리면서 그런 장면을 또 보았습니다. 이번에는 어린 두 자녀와 아버지가 서 있었습니다. 그들은 큰 종이판을 들고 있었습니다. 거기에는 손으로 쓴 다음과 같은 내용이 있었습니다.

엄마, 집에 돌아오신 것을 환영해요!

언젠가…

언젠가 나도 저렇게 환영을 받을 것입니다.

열렬히.

내 상상을 훨씬 뛰어넘는 사랑으로 나를 사랑하시는 분의 음성을 들을 것입니다. "집에 돌아온 것을 환영한다! 사랑스러운 내 딸아!"

기다릴 만한 가치가 있는 일 아니겠습니까?

제5부   나의 찬송 중에 승리하시는 하나님

아버지 하나님, 주님의 환영을 받으며 본향에 들어갈 때 얼마나 기쁠까요? 지나간 날들에 관심을 두지 말고 주님과 다시 만나게 될 그날의 기쁨을 날마다 기대하며 살아가도록 제 마음을 소망으로 채워 주시옵소서. 저를 두고 먼저 떠난 사랑하는 모든 사람들과도 만날 터이지만 무엇보다도 주님을 다시 만날 것이 기다려집니다.

내가 들으니 보좌에서 큰 음성이 나서 가로되, "보라. 하나님의 장막이 사람들과 함께 있으매 하나님이 저희와 함께 거하시리니, 저희는 하나님의 백성이 되고 하나님은 친히 저희와 함께 계셔서, 모든 눈물을 그 눈에서 씻기시매, 다시 사망이 없고 애통하는 것이나 곡하는 것이나 아픈 것이 다시 있지 아니하리니, 처음 것들이 다 지나갔음이러라.

요한계시록 21:3-4

하나님의 속삭임

27
넘치는 감사

만약 신비한 방법으로 내 인생을 뒤로 돌려 지난 한 달간을 촬영한 뒤 내 마음에 진정한 감사가 있었는지를 분별해 주는 컴퓨터에 넣는다면, 그래서 내 마음에 진정으로 감사가 넘쳐서 기쁨이 충만했던 순간들만을 표시하여 본다면, 마찬가지 신비한 방법으로 내가 감사했던 순간만을 동영상으로 다시 편집한다면….

걱정이 됩니다. 그 동영상은 얼마나 오래 돌아갈까? 금방 끝나 버리지는 않을까?

볼 장면이 하나라도 있을까? 아니면 그냥 화면만 하얗게 나오는 건 아닐까?

성경에서는 내가 그리스도와 함께 "감사함이 넘치게" 동행해야 한다고 말합니다(골로새서 2:7 참조). 선택적인 것이 아니라 마음이 언제나 그래야 한다는 것입니다. 그러나 이는 그리 쉽지 않습니다!

최근에 골로새서 1:9-12을 읽었습니다.

> 이로써 우리도 듣던 날부터 너희를 위하여 기도하기를 그치지 아니하고 구하노니, 너희로 하여금 모든 신령한 지혜와 총명에 하나님의 뜻을 아는 것으로 채우게 하시고, 주께 합당히 행하여 범사에 기쁘시게 하고, 모든 선한 일에 열매를 맺게 하시며, 하나님을 아는 것에 자라게 하시고, 그 영광의 힘을 좇아 모든 능력으로 능하게 하시며, 기쁨으로 모든 견딤과 오래 참음에 이르게 하시고, 우리로 하여금 빛 가운데서 성도의 기업의 부분을 얻기에 합당하게 하신 아버지께 감사하게 하시기를 원하노라.

실망스러운 상황에 처해 있었을 때, 나는 하나님께서 나를 위해 가지고 계신 궁극적인 목표가 바로 모든 견딤과 오래 참음에 이르게 하는 것임을 알고 있었습니다. 그래서 나는 그렇게 하려고 했습니다. 그리고 내가 이를 악물며 인내하고 있는 것을 알게 되었습니다. 나를 괴롭히는 사람과의 만남을 가능한 대로 간단하게 하여 인내를 유지했습니다. 마음속으로만 부글부글 끓게 함으로써 참을 수 있었습니다.

그러다가 이 구절들을 보고는 주춤거렸습니다! 이 구절들에 의하면 내가 한 것으로는 충분하지 않았습니다. 그다음 구절에는 기쁨으로 하나님께 감사하게 되기를 원한다고 했습니다.

나는 기쁨으로 견뎌야 했습니다. 감사함으로 인내해야 했습니다. 하나님을 위해 희생해 주는 듯한 나의 태도를 버려야 했습니다.

도대체 이것이 가능할까?

제5부 나의 찬송 중에 승리하시는 하나님

나는 이 구절들을 다시 읽고 나서는 "그렇구나" 하고 고개를 끄덕였습니다. 나는 "하나님을 아는 것에 자라게 하시고… 모든 견딤과 오래 참음에 이르게 하시고"라는 부분을 여러 번 읽었는데, 그 중간에 들어 있는 중요한 구절인 "그 영광의 힘을 좇아 모든 능력으로 능하게 하시며"라는 말씀을 무심코 넘겼던 것입니다.

오직 그분의 능력으로만 강하게 될 수 있듯이, 기쁨으로 인내하기 위해서는 나의 힘이 아니라 그분의 힘이 필요했습니다.

이것은 기도로 시작됩니다. 그리하여 내가 하나님을 아는 것에 자라고 하나님의 영광의 힘으로 말미암아 강하여질 때, 나는 인내할 수 있는 능력을 갖게 되고… 기쁨과 감사함으로 견뎌 낼 수 있을 것입니다.

주님, 단지 참는 제 모습을 보며 만족하지 말게 하소서.
견디기 위해서 견디는 데 만족하지 않게 하소서.
저는 감사함이 넘치면서 인내하고 견디기를 원합니다.
기쁨이 충만하게 하옵소서.
　주님께서 이런 놀라운 일을 제 속에서 능히 이루시는 것을 인하여 감사를 드립니다.

대저 나 여호와가 시온을 위로하되
그 모든 황폐한 곳을 위로하여
그 광야로 에덴 같고
그 사막으로 여호와의 동산 같게 하였나니

그 가운데 기뻐함과 즐거워함과
감사함과 창화하는 소리가 있으리라.

이사야 51:3

28

주 안에서 기뻐하라

지난 크리스마스 기간은 재난투성이였습니다. 두 주간 동안 온 집안이 사람들로 가득 차 시끌벅적거렸기 때문이 아니었습니다. 다락에서부터 지하실까지 온 집안이 마치 태풍이 지나간 듯이 보였기 때문도 아니었습니다. 온종일 지속되는 속 쓰림 때문에 친척들을 돌아볼 수 없었기 때문도 아니었습니다. 더더구나 계획이 무산되거나 마지막 순간에 바뀌었기 때문도 아닙니다.

고의적이지는 않았지만 상처를 주는 실망스런 일이 생겼고, 우리가 사랑하는 사람들이 풀이 죽어 있는 것을 보고 마음이 아팠습니다. 그러나 이보다 훨씬 더 심각한 일이 있었습니다.

내 기쁨은 어디로 갔는가? 곤란한 상황 중에서 하나님으로 말미암은 기쁨이 없다면 무엇인가 잘못된 것입니다! 나는 이를 잘 알고 있습니다. 그러나 문제의 본질이 나를 당황스럽게 했습니다.

"주님, 자백 드립니다. 저는 혼란스럽습니다. 저는 환경을 뛰어넘어 살고 있지 못한 것이 분명합니다." 어느 날 아침 나는 나를 인정했습니다.

나는 "기쁨"에 대하여 성경공부를 했습니다. 오래전에 암송했던 말씀이 나를 사로잡고 제정신이 들게 했습니다! "여호와를 기뻐하라"(시편 37:4).

나는 아마도 크리스마스 시즌에 사랑하는 가족과 친구들을 다시 만나는 즐거움에서 기쁨이 생기는 것으로 생각하고 있었던 것 같습니다. 물론 그럴 때가 있습니다. 그러나 여기서 하나님께서는 더욱 심오한 것을 말씀하고 계십니다. 나는 하나님을 기뻐해야만 합니다. 하나님 안에서 기쁨을 찾아야 합니다. 그리고 더 나아가 주님 안에 있는 나를 기뻐해야 합니다.

그래서 나는 주님께 속삭였습니다. "어떻게 그렇게 할 수 있지요?"

갑자기 마음속에 그 두 주 동안 지속적으로 맴돌았던 말이 떠올랐습니다. "나는 식사 준비의 수고나 오락을 위한 계획을 짜는 것이나 청소 같은 것은 전혀 개의치 않는다. 짐이 되는 것은 나의 모든 노력에도 불구하고 사람들에게서 행복해하는 모습이 보이지 않는다는 것이다." 이것이 사실이라고 생각하여 스스로 고개를 끄덕였습니다.

그러나 또 다른 생각이 스쳐 갔습니다. "이것은 사실이다. 그러나 올바른 것인가?"

그때서야 나는 깨달았습니다. 나는 모든 사람을 기쁘게 해 주려는 엄청난 의무를 스스로 지고 있었음을 알았습니다. 나로서는 감당하기 어려운 것일 뿐만 아니라 하나님께서 내게 의도하신 의무도 전혀 아니었습니다. 나는 오직 하나님을 기뻐하고,

주님 안에서 나를 기뻐하라는 명령을 받았을 뿐입니다.

모든 사람에게는 이러한 의무가 주어졌습니다.

"그러나 주님. 아직도 혼란스럽습니다. 주님께서는 우는 자들로 함께 울고 서로의 짐을 지라고 말씀하지 않으셨습니까? 제가 제 주위에 있는 사람들의 감정과 고통거리에 전혀 영향을 받지 않을 수 있겠습니까? 주님께서는 이것을 원하십니까?"라고 나는 반론을 제기했습니다.

"물론 아니다, 애야. 언제나 다른 사람의 감정에 민감하게 반응하기를 원한단다. 그러나 이것이 너의 주된 관심사가 되어서는 안 된다. 심지어 다른 사람의 감정이라 할지라도 네게서 나의 기쁨을 빼앗아 가도록 허용해서는 안 된단다."

나는 속삭였습니다. "주님, 제 시야가 주님에게서 멀어졌었지요? 아마도 저는 연약한 인간이기 때문에 때로 문제의 해결자이신 주님보다는 문제 그 자체에 초점을 맞출 때가 많으리라 생각됩니다.

"그렇지만 주님, 세월이 갈수록 그런 시간이 더욱 짧아지도록 계속 도와주시옵소서!"

내 속에 생각이 많을 때에
주의 위안이 내 영혼을 즐겁게 하시나이다.

시편 94:19

하나님의 속삭임

제5부 나의 찬송 중에 승리하시는 하나님

경이감

그는 두꺼운 청색 외투에 꼭꼭 둘러싸여 있었기 때문에 단지 얼굴만 빠끔하게 드러나 보였습니다. 커다란 눈송이가 내려오고 있었는데, 그는 얼굴을 하늘로 향하고는 꼿꼿이 섰습니다. 눈송이가 눈가에 부딪힐 때 눈동자를 깜빡였습니다. 기뻐하며 웃었습니다. 될 수 있는 대로 혀를 길게 내어서 커다란 눈송이가 내려앉기를 기다리다가 그 눈송이가 녹을 때까지 밝게 웃었습니다. 입을 동그랗게 오므리고서는 기뻐 어쩔 줄 몰라 하며 손뼉을 쳤습니다.

그는 난생 처음으로 눈이 내리는 것을 본 것입니다.… 경이감에 싸여 있었습니다.

어떤 사람은 스무 살인데도 늙은이 같고, 또 어떤 사람은 나이

가 팔십인데도 젊은이 같은 이유는 무엇입니까?

나는 그것이 경이감의 차이라고 생각합니다. 하나님과 세상과 사람들에 대하여 만족할 줄 모르는 호기심과 기쁨을 유지하는 것이 바로 경이감입니다.

그 모든 지혜에도 불구하고 솔로몬은 지쳐 버렸습니다. 전도서를 읽을 때 나는 그가 모든 것을 너무 과하게 가졌다는 사실을 발견합니다. 너무 많은 지혜. 너무 과한 부. 너무 많은 아내. 그에게 인생은 지루하고 의미 없는 것의 집합체에 불과했습니다. 그가 본 것은 이러합니다. 해는 뜨고 또 집니다. 바다는 절대로 다 차지 않습니다. 바람은 계속 불어 댑니다. 수많은 세대가 왔다가 또 갑니다. 이전에 있었던 것이 다시 일어납니다. 모든 것이 지루하고 따분합니다!

솔로몬에게는 더 이상 경이감이 없었습니다. 지구가 축을 따라 도는 것에 대한 호기심도, 바람이 어디서 오는지에 대한 궁금함도, 누가 별들을 그 자리에 두었는지에 대한 감탄도, 조개나 눈송이나 사람의 얼굴이 수천수만이지만 제각기 다른 것을 보고도 놀라움을 표시하는 기색도 없었습니다.

지상에서 가장 지혜로운 사람이었던 솔로몬도 어리석었습니다! 그는 위대한 진리를 알고 있었습니다. 하나님께서는 그 모든 것을 때를 따라 아름답게 하셨다는 것입니다. 하나님께서는 사람의 마음에 영원을 사모하는 마음을 주셨다는 사실, 만족은 오직 하나님께로 오는 선물이라는 사실, 그리고 하나님께서 하시는 것은 모두 영원하다는 사실을 그는 알고 있었습니다(전도서 3:11, 13-14 참조).

전도서 5:19-20에서 솔로몬은 기쁨과 만족의 근원에 대해서도 언급하고 있습니다. "어떤 사람에게든지 하나님이 재물과 부요를 주사 능히 누리게 하시며 분복을 받아 수고함으로 즐거워하게 하신 것은 하나님의 선물이라. 저는 그 생명의 날을 깊이 관념치 아니하리니, 이는 하나님이 저의 마음의 기뻐하는 것으로 응하심이니라."

그러나 솔로몬에게는 아는 것과 경험하는 것은 별개의 문제였습니다. 기쁨에 이르는 열쇠를 알고 있으면서도 그는 생의 대부분을 실망, 피곤, 좌절 속에서 특별한 목표나 만족을 발견하지 못하고 살았습니다.

이에 대하여 생각할 때 우리들 대부분도 상당 시간 동안은 솔로몬과 다를 바가 전혀 없는 삶을 살고 있다고 느껴졌습니다.

그리스도의 사람들인 우리는 기쁨에 이르는 열쇠들을 알고 있습니다. 주님께서는 우리에게 명확히 보여 주셨습니다.

첫째는, 하나님께서 내게 허락하신 분깃을 인하여 즐거워하는 것입니다(시편 16:5). 하나님께서 어떤 산업과 잔을 주셨을지라도 이를 감사함으로 받는 것입니다. 우리가 그렇게 한다면 "가진" 것 때문에 죄책감을 느낄 필요도 없으며, "갖지 못한" 것 때문에 원망이나 불평을 하지도 않게 될 것입니다.

둘째는, 일을 즐거워하는 것입니다. 하나님께서는 우리의 발걸음을 인도해 오셨을 뿐만 아니라 우리 인생에 대한 계획을 가지시고 인도하실 것임을 믿어야 합니다.

셋째는, 과거에 매달리지 않는 것입니다. 현재의 순간순간을 완전히 만끽하며, 하나님께서 우리 마음을 기쁨으로 가득 차게 만드시도록 해야 합니다.

하나님께서는 우리에게 기쁨과 만족에 이르는 열쇠들을 주셨습니다. 그러나 기쁨과 만족을 누리는 것이 쉽다고 하지는 않으셨습니다! 이를 위해서는 영적 성숙이 필요합니다. 하나님께서

하나님의 속삭임

우리를 위해 가지신 관심과 계획과 목표를 더욱 깊이 알아야 합니다. 한마디로 하나님으로 우리 마음을 가득 채워야 합니다.
　그러나 이것은 주님의 도우심으로 가능합니다.
　그러므로 해 봅시다!
　뜰의 민들레를 자세히 관찰해 보십시오. 아이들과 놀이를 해 보십시오. 혀를 살짝 내밀고는 눈송이를 받아 보십시오!
　절대로 경이감을 잃지 않도록 하십시오!

　　주님, 제가 날마다 제 주위에서 일어나는 일에 호기심을 갖고
　　기대하는 마음으로 살아가도록 도와주옵소서. 현재 삶에서 누리고
　　있는 즐거움을 정말로 잃고 싶지 않습니다. 그리고 앞으로 다가올
　　일을 기대하는 즐거움도 누리고 싶습니다.… 제게 주어진 산업과
　　잔이 주님으로 말미암은 것임을 알고 감사함으로 받게 하소서.
　　주님께서 나의 날을 인도하고 계신다는 사실을 알고 제가 하는
　　모든 일에서 즐거움을 누리도록 도와주옵소서. 날마다 주님께서
　　가지신 기쁨을 충만히 누리고 주님께서 주시는 기쁨의 강물을
　　마시도록 하여 주소서.
　　　그리고 아버지 하나님, 제가 다시는… 절대로… 경이감을
　　잃지 않도록 이끌어 주소서.

　　예수를 너희가 보지 못하였으나 사랑하는도다.
　　이제도 보지 못하나 믿고 말할 수 없는 영광스러운
　　즐거움으로 기뻐하니.
　　　　　　　　　　　　　　　　　　베드로전서 1:8

제6부

나의 공허감 중에 고통하시는 하나님

나는 거의 실족할 뻔하였고,
내 걸음이 미끄러질 뻔하였으니.
시편 73:2

―――――― ✺ ――――――

공허:
아무것도 들어 있지 않고,
가치 있는 것이나 목표도 없으며,
쓸모없고 불만족이 가득하고,
아무 의미나 힘도 없는 것.

아버지 하나님,
지금 제가 공허하다는 느낌이 듭니다.
저를 도와주시옵소서!

제6부 나의 공허감 중에 고통하시는 하나님

30
진지하지만 틀림

나는 걱정되어 속이 탔습니다. 식탁 자리는 10개였으나, 마땅히 차 있어야 할 세 자리가 계속 비어 있었습니다. 원뿔 모양의 장식 종이에는 캔디가 가득 채워져 각 사람의 자리에 놓여 있었고, 식탁에는 샐러드 접시가 놓여 있었으며, 선불로 지불한 식사도 미리 차려 놓았습니다. 그러나 초대한 손님 세 명이 도착하지 않았습니다. 린이 음식점 현관에서 기다렸으나 헛수고였습니다. 린의 친구와 그의 어머니와 할머니가 오기로 되어 있었는데, 눈이 내렸기 때문에 빙판에 자동차 사고라도 나지 않았나 걱정이 되어 린은 마음이 놓이지 않았습니다.

오찬 계획은 계속 진행되었고, 우리 눈동자는 입구 쪽으로 계속 향했습니다. 긴 드레스 차림으로 캐럴 가수들이 크리스마스 노래를 불렀습니다. 맛있는 음식이 나왔습니다. 말씀을 전하는 사람은 현란한 이 크리스마스 시즌의 여러 일들 때문에 그리스도의 영광을 가리지 말자고 하였습니다.

그러나 아직도 의자는 비었습니다.

린은 친구에게 전화를 황급히 걸었습니다. 무슨 일이지? 친구에겐 아무 일이 없겠지?

너무나 실망한 목소리로 린의 친구는 일이 생겼다고 대답했습니다. 눈이 심하게 내리고 있었음에도 그들은 출발하였습니다. 그들은 11시에 도착하였습니다. 코트를 걸고는 오찬 모임이 진행되는 곳을 찾아보았으나 헛수고였습니다. 그들은 다시 차로 나왔습니다. 차에서 초대장을 다시 찾았습니다. 초대장에는 지도와 함께 어디에서 열리는지가 자세히 기록되어 있었습니다. 그제야 그들이 실수했다는 것을 알았습니다. 오찬 모임이 있던 마을에서 북쪽으로 50km나 떨어진 정반대편 공군 기지로 갔던 것입니다. 너무나 실망했습니다. 린의 친구는 최근에 주님을 믿었습니다. 어머니와의 관계가 그리 원만하지 못했었습니다. 그래서 이 계획을 이용하여 어머니에게 그리스도의 사랑을 알리고 그들 관계에 생긴 상처를 조금이라도 치유하고 싶었습니다. 그들 모두는 초대장을 보았습니다. 그곳에 도착하기 위해서 지도까지 읽었습니다!

진지했으나 틀렸습니다. 그리고 세상에서 일어나는 여러 슬픈 일들은 그 결과를 바꾸어 놓을 수 없습니다.

나는 잠언 말씀이 생각났습니다. "어떤 길은 사람의 보기에 바르나 필경은 사망의 길이니라"(14:12). 나는 생각했습니다. 그 크리스마스 저녁에 여러 곳으로 바삐 움직이고 있는 사람들 중에도 그 같은 실수를 범하고 있는 사람이 얼마나 많을까? 아마도 그들은 진지하게 크리스마스의 의미를 이해하려고 할 수 있습니다. 또한 진지한 마음으로 크리스마스를 축하하며 기쁨을 나누려고 노력할 수도 있습니다. 외적인 화려함과 영광이 아닌

제6부 나의 공허감 중에 고통하시는 하나님

진정한 영광을 보기를 진심으로 원할 수도 있습니다. 그러나 그들 속에 그리스도가 없이 그런 노력을 한다면, 그 결과는 어떻겠습니까? 바로 영광의 소망이신 분이 빠져 있다면 말입니다.

진지하지만 잘못된 결과를 낳을 것입니다.

우리 친구는 단지 점심 모임만을 잃었을 뿐입니다.

그러나 인생의 의미를 찾아 이런저런 목표를 추구하며 분주히 뛰는 사람들은 정작 하나님을 잃을 수도 있습니다.

주님, 제가 구원을 잃지 않게 된 것을 감사드립니다. 그러나 주님께서 제게 주기 원하시던 것을 제가 잃었을까 두렵습니다. 혹시 평안입니까? 아니면 기쁨이나 온유함?
   진지하게 길을 걸었지만 결국에는 아무것도 발견한 것이 없는 그런 공허한 상태에 빠지지는 않았는지요? 혹시 제가 엉뚱한 데로 가고 있지는 않은지요?
   주님의 성령으로 저의 인생길을 인도하시며 지켜 주옵소서. 그리하여 주님께서 제가 영원토록 소유하기 원하신 모든 것을 얻을 수 있도록 하여 주옵소서. 바로 저의 영원한 삶을 위해 주님께서 예비하신 모든 것을 하나도 잃지 않고 얻게 하여 주옵소서.

좁은 문으로 들어가라. 멸망으로 인도하는 문은 크고 그 길이 넓어 그리로 들어가는 자가 많고, 생명으로 인도하는 문은 좁고 길이 협착하여 찾는 이가 적음이니라.

마태복음 7:13-14

하나님의 속삭임

31 공허감을 채움

그 날은 한참 동안이나 멈추어 서서 내 마음속 창고를 살펴보았습니다. 아무것도 없었습니다. 그러나 그것을 보고도 나는 충격을 받지 않았습니다.

나는 때로 마음속 예비 창고에 들어가서 거기에 비축해 둔 자원을 꺼내 사용하곤 했습니다. 이제 모든 자원을 다 써 버렸습니다. 그런데 문제는 내가 멈출 수 없다는 것이었습니다! 며칠 후면 떠날 중요한 여행 때문에 해야 할 일이 쌓여 있었습니다. 주말 전에는 수양회도 계획되어 있었습니다. 나의 상태를 생각하니 두려웠습니다. 문득 오싹해지는 기분을 느꼈습니다. 그동안 비축해 두었던 것을 다 써 버려서 가진 것이라곤 하나도 없는 내가 주어야만 하기 때문입니다.

그때 하나님께서는 시편 51:10로 인도하셨습니다. "하나님이여, 내 속에 정한 마음을 창조하시고 내 안에 정직한 영을 새롭게 하소서." 첫 문구에서 시선이 멈추었습니다. 분명하게 내 마음속에 주님께서 말씀하고 계셨습니다. 나는 이를 적어 보았습니다.

주님, 제 안에 정한 마음을 창조하소서.
제 안에 기대하는 마음을 창조하소서.
　(무에서 유를 만드는 것이 창조니까요.)
매 순간마다 발돋움을 하고 서서
　주님께서 하실 일을 기대하는 마음으로
　기쁨으로 기다리는 삶을 살게 하여 주소서!
제 안에 열정적 마음을 창조하소서.
　제가 주님 안에 있고, 주님께서 제 안에 계심으로
　주님으로 차고 넘치도록 인도하소서!
제 안에 즐거워하며 웃을 줄 아는 마음을 창조하소서.
　가을 낙엽을 볼 줄 알고,
　산허리에 드리운 안개를 지나치지 않으며,
　어린아이의 깔깔거리는 웃음소리를 들을 줄 아는 마음을
　허락하소서.
제 안에 진실된 마음을 창조하소서.
　사실대로 말하며,
　내가 겪지 않은 것 이상으로 과장되이 말하지 않고,
　인상 깊게 보이려는 노력을 하지 않도록 하소서.
제 안에 민감한 마음을 창조하소서.
　다른 사람에게 일어난 아픈 일에 대하여 민감하며,
　제 자신의 필요보다는 다른 이의 필요에 더욱 관심 갖게
　하소서.
제 안에 깨어 있는 마음을 창조하소서.

제6부 나의 공허감 중에 고통하시는 하나님

주님의 속삭임을 들을 줄 알고,
때마다 주님의 목소리를 들을 줄 알게 하소서.
제 안에 만족하는 마음을 창조하소서.
제게 주어진 여러 상황에서 평안을 누리게 하소서.
제 안에 갈급한 마음을 창조하소서.
더욱 주님을 사랑하려 하고,
말씀을 사모하며,
더욱더 주님께 가까이 가고자 하는 마음을 만드소서.
창조주이신 주님,
제 안에 이런 마음을 창조하여 주소서. 아멘.

그리고 하나님께서는 나의 기도에 응답해 주셨습니다.

주님, 주님께서 제 안에 새로이 창조하신 이 모든 것들을 인하여 감사드립니다. 오늘뿐만 아니라 날마다 제 영혼을 새롭게 하여 주시고 회복시켜 주소서. 자원하는 심령을 주소서.

하나님이여, 내 속에 정한 마음을 창조하시고
내 안에 정직한 영을 새롭게 하소서.
주의 구원의 즐거움을 내게 회복시키시고
자원하는 심령을 주사 나를 붙드소서.

시편 51:10,12

하나님의 속삭임

제6부 나의 공허감 중에 고통하시는 하나님

좋지 않은 날

다섯 살짜리 손자 에릭은 눈물을 글썽이며 떨리는 입술을 하고 나를 바라다보았습니다.

"에릭, 무슨 일이니?"

"오늘은 별로 좋지 않은 날이에요."

"무슨 일이라도 있었니?"

"네." 에릭은 울음을 터뜨리며 대답했습니다. "할아버지가 너무 바빠서 부메랑 던지는 법을 가르쳐 주시지 않았어요. 아무도 나와 놀아 주지 않으려 해요. 너무 심심해요. 별로 좋지 않은 날이에요."

나는 고개를 저었습니다. 그는 크리스마스 선물을 풀어서 가지고 놀았고, 공원에 갔었으며, 가지고 놀 장난감이 엄청나게 많았습니다. 그런데도 방금 일어난 두 가지 실망스런 점 때문에 그날 하루가 별로 좋지 않았다고 한 것입니다.

나는 "주님, 저와 똑같군요!" 하고 속으로 생각했습니다.

하나님의 속삭임

다시는 이런 어리석은 생각을 하지 않으리라.
에릭은 다섯 살입니다.
나는 할머니입니다.

주님, 주님께서는 온갖 아름다운 것들로 저를 감싸 주셨고, 건강과 힘을 주셨으며, 수많은 축복을 주셨습니다. 그러나 실망스러운 일이 한두 개 생기면 저는 에릭처럼 "오늘은 별로 좋지 않아요"라고 말했습니다. 주님, 용서하여 주시옵소서.

그러나 여호와께서 기다리시나니
이는 너희에게 은혜를 베풀려 하심이요,
일어나시리니
이는 너희를 긍휼히 여기려 하심이라.
대저 여호와는 공의의 하나님이심이라.
무릇 그를 기다리는 자는 복이 있도다.

이사야 30:18

33

나를 볼 수 없어요

한밤중에 어린 아들의 울음소리가 엄마를 깨웠습니다. 엄마는 그 애 방으로 달려가 불을 켰습니다. 그런데 아들이 담요를 머리에 뒤집어쓰고 있었습니다. 침실 등이 꺼져 있었습니다.

"애야, 무슨 일이니?" 엄마는 걱정스런 듯이 물었습니다.

"엄마, 여긴 너무 어두워요. 제가 안 보여요. 저를 볼 수가 없어요!"라고 외쳤습니다.

나는 그 어린아이와 동일한 심정이었습니다. 그 아이는 자기가 담요를 벗고 불을 켜기만 하면 된다는 것을 몰랐습니다. 지금까지 인생을 살아오면서 내가 발견한 사실은, 하나님께서는 가장 어두운 때에 가장 심오한 교훈을 내게 가르쳐 주신다는 것입니다. 그리고 내가 배운 또 한 가지 사실은, 하나님께서는 내가 방해물들을 제거함으로써 하나님의 빛이 내가 처한 상황을 비출 수 있게 하기를 원하신다는 것입니다. 그 빛은 어두움을 몰아낼 뿐만 아니라 마음에 힘과 평안과 격려를 줍니다.

다윗은 실망할 수밖에 없는 상황이었습니다. 그가 살던 마을은 파괴되고 불에 탔으며, 자기 가족뿐 아니라 부하들의 가족들까지 모두 포로로 잡혀 갔습니다. 설상가상 자기를 충성스럽게 따르던 사람들마저 그에게 돌을 던지려 하고 있었습니다. 그런 캄캄한 때에 그는 그의 하나님 여호와를 힘입고 용기를 얻었습니다(사무엘상 30:6 참조).

그렇다면, 나는 어떻게 용기를 얻을 수 있는가?

지금까지 배운 두 가지 방법을 소개하고 싶습니다.

한 가지는 기도입니다. 기도를 통해 용기를 얻을 수 있습니다. 지난날 내가 늙어 가는 것에 대해 기도할 때 하나님께 말씀드린 적이 있습니다. "주님, 저는 쇠약하여지고 싶지도… 할 일 없이 빈둥거리며 여생을 보내고 싶지도 않습니다. 제가 원하는 것은…." 나는 망설였습니다. 나는 진정으로 인생이라는 경주를 잘 마치기를 원하는가? 어떻게 하면 그렇게 할 수 있는가? 그때 마음속에 빌립보서 3:14 말씀이 떠올랐습니다. "푯대를 향하여 그리스도 예수 안에서 하나님이 위에서 부르신 부름의 상을 위하여 좇아가노라."

바로 그것이었습니다! 그래서 나는 기도를 마쳤습니다. "아버지 하나님, 저는 인생을 빨리 끝내고 싶지도, 꾸물대고 싶지도 않습니다. 대신에 저는 주님께서 저를 위해 갖고 계신 목표에 붙잡혀 그 목표를 향해 달려가기를 원합니다."

마음에 격려를 얻었을까요? 물론입니다. 마음에 기쁨은요? 명확했습니다.

또 한 가지는 하나님의 말씀입니다. 하나님의 말씀을 통해 용기를 얻을 수 있습니다! 성경의 매 장마다 격려가 가득 차 있습니다. 주님께서는 말씀을 통하여 나를 지속적으로 새롭게 하여 주십니다.

마가복음 4:35-41에 나오는, 바다를 잔잔케 하신 예수님의 이야기를 읽을 때마다, 나는 왜 마가가 다른 배들도 함께했다는 정보를 집어넣었는지 생각해 보게 됩니다. "저희가 무리를 떠나 예수를 배에 계신 그대로 모시고 가매 다른 배들도 함께하더니"(36절).

최근 이 구절을 다시 읽을 때 몇 가지 생각이 떠올랐습니다.

예수님께서는 그날 하루 종일 무리에게 말씀을 전하신 후 저녁이 되자 제자들에게 저편으로 건너가자고 하셨습니다. 그래서 다른 준비를 할 겨를도 없이, 예를 들어 옷을 갈아입거나 칫솔을 마련할 기회도 없이 "계신 그대로" 떠났을 것입니다.

아마도 예수님의 말씀을 들으려고 바다로 온 사람도 있었을 것이며, 아니면 어부들이 예수님의 말씀을 들으려고 바닷가로 나왔을 것입니다. 어쨌든 그들은 예수님께서 떠나시는 것을 보자 금방 배로 뛰어들어 예수님을 따라갔습니다.

그때 갑자기 광풍이 몰려왔습니다. 배들이 물에 잠기기 시작하였습니다. 그러나 예수님께서는 다른 곳에 계셨습니다. 다른 배에 타고 계신 것입니다. 그들은 거친 파도 때문에 예수님을 볼 수 없었습니다. 그들은 파도 소리 때문에 예수님의 말씀을 들을 수 없었습니다. 그들은 단절되었음을 발견했습니다. 혼자였습니다.

당신은 칠흑같이 캄캄한 암흑 속에서, 마치 "다른 배들"에 타고 있던 이 사람들과 같은 느낌을 경험해 본 적이 있습니까? 나는 그런 적이 있습니다. 인생이라는 내 배에 예수님께서 함께 타고 계시지 않은 것처럼 느껴지는 때가 여러 차례 있었습니다.

통제는 고사하고 예수님의 임재조차 알 수 없었습니다.

그러나 당신도 알다시피, 예수님께서 거친 바다를 향해 "잠잠하라! 고요하라!"라고 말씀하셨을 때 물결이 잔잔해졌습니다. 그런데 이것은 예수님이 함께 타고 계신 - 그래서 예수님을 볼 수 있었던 - 배의 사람들을 위한 것일 뿐만 아니라, "다른 배들"에 타고 있던 사람들을 위한 것이기도 했습니다. 예수님께서는 모두를 구원하셨습니다! 그리고 그 순간 다른 배들에 타고 있었던 사람들도 예수님을 볼 수 있게 되었습니다. 그분의 목소리를 들을 수 있었습니다. 그들은 깜짝 놀랐습니다. 놀라움을 표했습니다.

나는 그들이 예수님께서 내내 그곳에 함께 계셨다는 것을 알았는지 궁금합니다!

물론 주님께서 우리의 주님이시기 때문에 우리는 절대로 혼자가 아닙니다. 주님은 우리와 항상 함께하시며 우리가 "도와주세요!"라고 외치면 그분의 임재하심을 깨달을 수 있습니다. 빛이 비칠 것입니다. 큰 바람과 물결이 잔잔해질 것입니다.

우리가 쓸쓸하고, 외롭고, 버림받은 것처럼 느껴질 때 우리는 감정의 거짓말을 듣고 있는 것입니다! 나는 주님의 임재를 느끼든 느끼지 않든 주님께서 나를 폭풍 속에서 구하여 주실 것임을 아는 데서 격려를 얻습니다. 내가 주님을 들을 수도 볼 수도 없을 때입니다. 마치 다른 배에 있던 사람들이 예수님의 구원을 받은 것처럼 말입니다. 나는 그런 구세주를 모시고 있습니다!

일이 어려워질 때, 상황이 어두울 때, 어떻게 힘과 용기를 얻을 수 있겠습니까? 그럴 때마다 나는 하나님께 말씀드리고 하나님의 말씀에 귀를 기울임으로써 힘과 용기를 얻습니다. 말씀과 기도는 매 순간 우리를 도와줍니다.

제6부 나의 공허감 중에 고통하시는 하나님

주님, 주님의 교훈을 잘 배우기 원합니다. 이를 위해 암흑 가운데 있어야 한다면, 제가 주님을 잘 볼 수 없을 때라도 주님을 신뢰하도록 도와주소서. 그런 상황에서 낙심하지 않고 다윗처럼 주님께 부르짖음으로 주님을 힘입어 힘과 용기를 얻게 하여 주소서. 주님의 말씀을 기억하게 하소서.…

내가 여호와를 항상 내 앞에 모심이여,
그가 내 우편에 계시므로 내가 요동치 아니하리로다.
이러므로 내 마음이 기쁘고 내 영광도 즐거워하며
내 육체도 안전히 거하리니.

시편 16:8-9

하나님의 속삭임

제6부 나의 공허감 중에 고통하시는 하나님

34
결코 혼자가 아님

나는 그처럼 혼자서 다른 곳에 가본 일이 없습니다. 그러나 그날은 날씨가 매우 좋았고, 남편은 모임 중이었으며, 내 주위에는 아무도 없었습니다.

그래서 나는 용기를 내어 주님께 기도한 후에 남쪽으로 수십 km나 내려갔습니다. 빌린 차를 타고 간 곳은 플로리다의 마린 랜드였습니다.

표를 살 때 내가 회원이었기 때문에 10%를 할인받았습니다. 기분 좋게 주위를 둘러보았습니다. 여러 그룹들, 부부들, 그리고 가족들이 있었습니다.

속으로 생각했습니다. 이 토요일에 유원지에 혼자 온 것은 나밖에 없구나.

그러나 그 화창한 2월 나는 결코 혼자가 아니었습니다. 다른 사람들에게 특별한 경험을 나누는 것을 즐기는 "사람 중심의 사람"임을 인정하지만, 나는 주님께 생전 처음 가 보는 곳에서 말동무가 되어 달라고 기도했습니다. 그날 매 순간마다 주님께서는 대화를 해 주셨습니다.

입체 영화를 보면서 주님과 나는 배꼽을 잡고 웃었습니다. 이상하게 생긴 수중 동물이 내게 다가오는 것처럼 보였기 때문입니다.

나는 주님께 말씀드렸습니다. "주님, 참 창의적이시군요. 저걸 만드시기 위해서는 초과 근무를 하셨겠어요." 나는 주님께서 웃으시는 것을 들을 수 있었습니다. 어두운 그곳에서 나는 주님과 조용한 대화를 나누었습니다. 그 영화는 물속에서 수영하는 것을 체험하도록 만들어져 있었습니다. 특별한 도구가 필요하지 않았습니다. 나는 동행하시는 주님께 말씀드렸습니다. "주님, 하늘에서도 이러한 경험을 할 수 있을까요? 바다 생물들과 함께 수영을 할 수 있을까요? 아무런 두려움 없이, 산소 탱크도 필요 없이, 물에 젖지도 않으면서요?"

주님께서는 "그렇고 말고. 그보다 훨씬 멋있을 것이다"라고 하셨습니다.

그 입체 영화에서 우리는 행글라이더를 타고 평원과 바다를 지났습니다.

나는 이것도 가능한지 물었습니다.

주님께서는 "그럼, 그것과는 비교도 안 되지"라고 말씀하셨습니다.

기린의 기다란 목을 부드럽게 쓰다듬을 수 있을 것처럼 느꼈고, 커다란 타조의 깃털을 만지기도 했습니다. 나는 "이것도요?"라고 물었습니다. 주님께서는 "물론"이라고 하셨습니다.

그다음, 영화관을 떠나 대형 수족관으로 가서 수중 동물들의 멋진 쇼를 보았습니다. 돌고래가 곡예를 하고 공을 던지며 내게

제6부 나의 공허감 중에 고통하시는 하나님

물을 튀기고 날카로운 소리를 내는 것을 보았습니다. 바다표범들이 박수를 치듯 할 때 주님께서 나와 함께 웃고 계신다는 느낌이 들었습니다. 잠수부가 상어에게, 돌고래에게, 그리고 바다거북에게 먹이를 줄 때 신기한 듯이 바라다보고 있는 나와 함께 주님이 계신다는 느낌이 들었습니다. 석조 탁자에서 핫도그를 먹는 나의 모습을 갈매기들이 바라보며 한 입 던져 주기를 바라고 있을 때에도 주님께서는 나의 친구가 되어 주셨습니다.

우리는, 주님과 나는, 참으로 즐거운 하루를 보냈습니다. 집으로 돌아오는 길에 해변 길을 혼자 달리며 콧노래를 불렀습니다. "놀라웠습니다! 오늘 저와 친구가 되어 동행하여 주셔서 감사합니다."

주님께서는 내 마음에 대답해 주셨습니다. "캐롤, 나는 매일 너의 친구란다. 그러나 대부분의 날에는 나의 임재를 네가 알지 못하는 것 같구나. 마치 내가 너와 전혀 함께 있지 않은 듯이 말이다. 나는 네가 항상 나의 임재를 깨닫기를 간절히 바란단다."

주님, 저는 항상 주님의 임재를 깨닫기를 원합니다! 단조롭고 평범한 날에도 제가 주님을 간절히 찾을 때와 마찬가지로 주님의 임재에 마음을 고정하도록 도와주시옵소서.

내가 과연 너희를 버리지 아니하고
과연 너희를 떠나지 아니하리라.

히브리서 13:5

하나님의 속삭임

제7부

나의 자원함을
칭찬하시는 하나님

나의 하나님이여, 내가 주의 뜻 행하기를 즐기오니
주의 법이 나의 심중에 있나이다.
시편 40:8

부지런하여 게으르지 말고
열심을 품고 주를 섬기라.
로마서 12:11

―――――― ――――――

나에게 자원하는 마음이 없을지라도,
내가 자원하는 마음을 갖기를 원하기만 한다면
주님께서는 내 안에 자원하는 마음을 주십니다.

여러분 안에서 일하시는 분은 하나님이십니다.
하나님께서는 여러분에게
그분의 목적을 이루고자 하는 마음과
그것을 이룰 수 있는 능력을 주십니다.
(빌립보서 2:13, 필립스역)

제7부 나의 자원함을 칭찬하시는 하나님

35
주님께서 말씀하셨기 때문에

간단하였지만 내 마음을 끄는 이야기였습니다. 간호사인 그녀는 가난하고 어려운 처지에 있는 사람들을 돕기 원했습니다. 18명의 사람들과 함께 극심한 가난에 찌든 제3세계 국가로 병들고 부상당한 사람들을 치료하여 구하기 위해 여행을 떠났습니다.

두 주 동안 매일 16시간씩 일한 뒤 의료원은 문을 닫았고, 지친 상태에서 집으로 가는 버스에 올라탔습니다. 눈을 돌리니 밖에 수백 명의 사람들이 앞으로는 결코 받지 못할 치료를 받기 위해 기다리고 있는 모습이 띄었습니다. 그녀는 울기 시작했습니다.

"주님, 필요가 산더미처럼 쌓였지만 우리는 조그만 흔적조차 남기지 못했습니다. 무슨 소용이 있었습니까? 우리가 선행을 하기는 했습니까?"

버스에 올라타자 한 손이 소매를 끌었습니다. 그녀가 알아보지 못하는 사람이 서 있었습니다. 며칠 전 그의 얼굴은 부풀었고, 충치 때문에 이상한 모양이 되어 있었습니다. 다리도 부어서 신을 신을 수조차 없을 지경이었습니다. 그는 항생제를 받았습니다. 충치도 치료받고, 다리도 나았습니다. 미소를 지을 수도 있고, 아픔에서 해방되었으며, 신도 신을 수 있었습니다. 환한 미소를 띠며 꽃다발을 한 아름 그녀에게 건넸습니다. 그러고는 "저의 생명을 구해 주셔서 감사합니다"라고 말했습니다.

버스에서, 그녀는 불빛 하나만 보이는 어두운 항구를 바라다보았습니다. 그때 불이 하나 더 켜졌고, 연이어 하나가 또 켜졌습니다. 마침내 항구 양쪽이 모두 불빛으로 찬란하게 바뀌었습니다. 하나님께서 그녀의 마음속에 속삭이셨습니다. "이게 바로 네가 한 일이다. 내 소자를 도운 것. 그것도 한 번에 한 사람씩."

하나님께서 남편과 내게 허락하신 가정 및 결혼에 관한 사역을 하면서, 우리는 결혼 생활에서 일어나는 고통과 이혼과 불행이라는 커다란 파도들을 우리 힘으로 막으며 잠재우려고 애쓰고 있다는 느낌을 받곤 합니다. 마치 제방 둑에 난 조그만 구멍을 손가락으로 막는 기분입니다. 그러나 간신히 막았다고 생각하며 한숨을 돌리려 고개를 들어 주위를 보는 순간 다른 수많은 구멍들에서 물이 콸콸 쏟아져 나오는 것을 보고는 울음을 터뜨리고 맙니다. "주님, 무슨 소용이 있습니까? 우리가 왜 이것을 하고 있습니까?"

그때마다 주님께서는 "그건 바로 내가 너희에게 하라고 했기 때문이다"라고 말씀하십니다.

제7부 나의 자원함을 칭찬하시는 하나님

시몬 베드로가 밤새도록 고기를 잡으려 했지만 하나도 잡지 못했을 때 주님께서는 시몬의 배에서 사람들을 가르치신 후에 그에게 깊은 물에 가서 고기를 잡으라고 하셨습니다.

베드로는 "선생이여, 우리들이 밤이 맞도록 수고를 하였으되 얻은 것이 없지마는, 말씀에 의지하여 내가 그물을 내리리이다" 하고서는 그물을 내렸습니다. 결국 그물이 찢어질 정도로 고기를 잡았습니다!(누가복음 5:4-6 참조.)

하나님께서 말씀하셨기 때문에. 이것만으로도 내가 하나님께서 말씀하신 것을 행할 충분한 동기가 됩니다.

고린도전서 4장을 읽었던 날이었습니다. 사도 바울은 하나님 앞에서 선한 양심을 가질 것에 대하여 말하며, 우리는 아무것도 판단해서는 안 된다고 했습니다. 하나님께서 어두움에 묻힌 것을 빛 가운데로 드러내시겠다고 하셨기 때문입니다. 그때에 사람의 마음의 동기도 드러내실 것입니다. 그리고 나서 놀라운 구절이 나옵니다. "그때에 각 사람에게 하나님께로부터 칭찬이 있으리라"(5절).

그 앞에서 이야기한 내용에 따르면 흐름상 "그때에 각 사람에게 하나님께로부터 심판이 있으리라"라고 나오리라 생각되는데, 그렇지 않습니다. 이 구절에서는 우리 각 사람이 행한 대로 하나님께로부터 칭찬을 받으리라고 말하고 있습니다.

나는 이 사실을 잠잠히 묵상해 보았습니다. 두 가지 사실을 깨달았습니다. 그리스도께 속한 사람은 결코 죄 때문에 심판을 받지 않습니다. 예수님께서 우리 죄를 위해 대신 죽으셨기 때문입니다. 우리의 죄는 하나님께서 더 이상 기억하지도 않으시며, 깊은 바다에 던지운 것입니다! (하나님께서는 우리가 행한 일에 대하여 심판하십니다. 이는 전혀 다른 문제입니다.)

내가 깨달은 또 하나는 하나님께서 나를 칭찬하신다는 것입니다! 믿어지지 않습니다! 마땅히 나의 모든 찬양을 받으셔야 할 만유의 하나님께서 나를 칭찬하신다는 것입니다!

무엇 때문일까? 무엇에 대해 칭찬하실까? 생각해 보았습니다. 누구나 다 아는 시시한 것 때문은 아닐 것이라고 생각했습니다. 하나님과 나밖에는 모르는 은밀한 순종의 결정을 한 것에 대해 칭찬하실 거라는 생각이 들었습니다. 원망하고 싶을 때 감사하기로 결심했던 순간들. 내 자신에 대하여 우울한 생각을 하는 대신 기뻐하기를 선택했던 것. 화를 내고 싶을 때 사랑 가운데서 행하기로 했던 결정들. 포기하고 싶을 때, 단지 주님께서 말씀하셨기 때문에, 계속 매달리며 분투했던 것… 이런 것들에 대해 주님께서는 칭찬하실 것입니다.

주 하나님 아버지, 제 삶에서는 단지 주님께서 말씀하셨다는 것이 동기가 되지 않을 때가 있음을 자백합니다. 저는 즉각적 보상을 원하고, 눈에 보이는 축복을 원하며, 다른 사람들의 인정을 원할 때도 있습니다. 주님! 제가 마음 깊은 곳에서… 주님의 말씀을 따라 순종할 수 있도록 도와주소서… 단지 주님께서 말씀하셨기 때문에 행하도록 도우소서!

나의 계명을 가지고 지키는 자라야 나를 사랑하는 자니, 나를 사랑하는 자는 내 아버지께 사랑을 받을 것이요, 나도 그를 사랑하여 그에게 나를 나타내리라.

요한복음 14:21

36

개 조심

남편이 들어오면서 킥킥 웃으며 말했습니다. 신호등에 걸려 대기하던 중 한 오토바이 바로 뒤에 서게 되었는데, 한 여인이 조그만 애완견을 바람막이 유리창이 설치된 개장에 넣어 뒤에 싣고 가는 중이었습니다. 개장에는 큰 글씨로 "개 조심"이라고 쓰여 있었고 자그마한 글씨로 다음과 같이 기록해 놓았다고 했습니다. "이 개는 작지만 쿵후를 할 줄 압니다!"

나는 그 여인을 만나고 싶습니다. 틀림없이 그 여인은 인생을 긍정적인 태도로 보고 살 것입니다. 그리고 인생을 유머 감각을 가지고 대할 것입니다.

때때로 나는 긍정적으로 느끼기보다는 소리치고 싶을 때가 있습니다.

성경을 볼 때 나만 그런 사람이 아니라는 것을 알게 됩니다. 분명 시편 69편을 쓴 사람은 그날 별로 좋은 날이 아니었을 것입니다. 그는 다음과 같이 기록합니다. "하나님이여, 나를 구원하소서. 물들이 내 영혼까지 흘러들어 왔나이다. 내가 설 곳이 없는 깊은 수렁에 빠지며 깊은 물에 들어가니 큰물이 내게 넘치나이다. 내가 부르짖음으로 피곤하여 내 목이 마르며 내 하나님을 바람으로 내 눈이 쇠하였나이다. 무고히 나를 미워하는 자가 내 머리털보다 많고…. 하나님이여, 나의 우매함을 아시오니 내 죄가 주의 앞에서 숨김이 없나이다"(1-5절). 그가 계속 기록해 나갈 때 나는 바로 그와 같은 기분이었습니다.

그러나 좀 더 자세히 볼 때 새로운 것을 알 수 있었습니다. 그의 한탄은 단지 감정이지 그의 태도가 아니었습니다. 그의 태도는 16절에 나타나 있습니다. "여호와여, 주의 인자하심이 선하시오니 내게 응답하시며 주의 많은 긍휼을 따라 내게로 돌이키소서."

내 마음속에는 하루에도 갖가지 감정이 오갑니다. 슬픔, 실망, 행복, 좌절, 분노, 시기, 절망, 감사, 애도, 무력함, 염려 등.

이는 인간이기 때문에 당연합니다. 감정을 가지는 데는 잘잘못이 있을 수 없습니다.

그러나 태도는 어떤 상황이나 인생 자체에 대한 정신적 입장입니다. 감정이 마치 기온과 같다면 태도는 나의 삶의 기후와 같습니다.

성경 전체를 통하여 감정과 태도가 그려져 있음을 볼 수 있습니다.

고린도후서 6:10에는 "근심하는[감정] 자 같으나 항상 기뻐하고[태도]"라고 나옵니다. 그리고 시편 42:5에서는 "내 영혼아, 네가 어찌하여 낙망하며 어찌하여 네 속에서 불안하여 하는고[감정]. 너는 하나님을 바라라. 그 얼굴의 도우심을 인하여 내가 오히려 찬송하리로다[태도]"라고 기록합니다.

제7부 나의 자원함을 칭찬하시는 하나님

감정은 마치 홍수와 같아 내 힘으로는 멈출 수 없습니다. 그러나 태도는 내가 선택할 수 있으며, 매일의 삶에서 훈련할 수 있는 것입니다.

예수님께서는 하나님의 말씀을 듣고 매일 순종하는 삶을 사는 사람이 곧 자기의 형제요 자매요 모친이라고 하셨습니다(누가복음 8:21). 또한 예수님께서는 씨 뿌리는 자의 비유에서, 좋은 땅에 뿌려진 씨는 착하고 좋은 마음으로 말씀을 듣고 그 말씀을 잘 간직하여 인내로 열매를 맺는 사람을 가리킨다고 말씀하셨습니다(누가복음 8:15).

나도 알고 있습니다. 그러나 기록된 것만큼 행하기는 쉽지 않습니다.

어떻게 말씀을 듣습니까? 설교를 통해서, 주의 깊게 성경을 읽음으로써, 공부하고, 암송함으로써, 그리고 묵상함으로써 가능합니다. 나는 주님의 말씀을 어떻게 듣고 있는지 한번 주의 깊게 생각해 보아야 합니다. 주님의 말씀을 듣되 귀담아 들어야 합니다(누가복음 8:18). 내가 정말로 주님의 말씀 안에 풍성히 거하고 있는지(골로새서 3:16), 아니면 "깊은 데로는 가지 않고 얕은 곳에서만 첨벙거리고 있지는 않은지" 내 마음을 자세히 살펴보아야 합니다.

어떻게 말씀을 잘 간직할 수 있습니까? 말씀을 묵상하고, 말씀을 마음에 새기고, 말씀 속으로 더욱 깊이 파고들어 가 말씀 안에 풍성히 거함으로써 할 수 있습니다.

그리고 어떻게 인내할 수 있습니까? 나의 모든 힘을 다함으로써, 내 인생이 말씀에 달린 것처럼 행함으로써, 그렇게 행하지 않는 것은 죄라는 사실을 앎으로써 할 수 있습니다.

골로새서 3장을 읽을 때마다 나는 찔림을 받습니다. 특히 내 삶에서 분과 악의와 훼방과 거짓말과 탐심과 같은 추한 것들을 "벗어 버리라"라는 부분에서는 더욱 그러합니다. 이런 것들을 벗어 버렸으면, 나는 하나님께서 내 안에서 보기 원하시는 긍휼과 자비와 겸손과 온유와 오래 참음과 같은 아름다운 것들을 옷 입어야 합니다. 하나님께서는 내가 그렇게 할 수 있도록 성령을 보내 주셨습니다. 그러나 선택은 내가 해야 합니다.… 내 의지가 관련되어 있습니다. 하나님께서 내 삶에서 원하시는 태도들을 가지기 위해서는 평생이 걸릴 것입니다. 그러기에 나는 인내해야 합니다.

어떤 사람이 멋진 연주를 한 바이올린 연주자에게 다가가 말했습니다. "제가 그렇게 연주할 수 있다면 내 삶을 다 바치겠습니다."

바이올린 연주자가 그 사람을 똑바로 쳐다보더니 다음과 같이 말했습니다. "나는 지금까지 그래 왔습니다."

경건한 태도를 옷 입기 위해서는 평생이 걸릴 것입니다. 확신하건대, 나는 그 과정에 있는 사람입니다.

그러나 여러분, 우리가 시작하지 않는다면 절대로 성취할 수 없습니다.

아버지 하나님, 제 감정에 실망치 말고 경건한 태도를 취하는 삶을 살도록 도우소서. 마음으로 주님의 말씀을 듣고, 영혼 깊이 간직하며, 인내로 주님께 순종하도록 도와주소서. 지금 시작하여 평생 동안 지속할 수 있도록 이끌어 주옵소서.

제7부 나의 자원함을 칭찬하시는 하나님

그러므로 너희는 하나님의 택하신 거룩하고 사랑하신 자처럼
긍휼과 자비와 겸손과 온유와 오래 참음을 옷 입고, 누가 뉘게
혐의가 있거든 서로 용납하여 피차 용서하되, 주께서 너희를
용서하신 것과 같이 너희도 그리하고, 이 모든 것 위에 사랑을
더하라. 이는 온전하게 매는 띠니라. 그리스도의 평강이 너희
마음을 주장하게 하라. 평강을 위하여 너희가 한 몸으로
부르심을 받았나니, 또한 너희는 감사하는 자가 되라.

골로새서 3:12-15

하나님의 속삭임

37 양

추운 크리스마스 전날 저녁이었습니다. 불꽃이 따뜻하게 보였습니다. 그날 온 편지들을 읽으려고 안락의자에 편히 앉아 있었습니다. 온갖 소식지와 카드가 오는데, 그 가운데 간혹 개인적인 편지가 섞여 있으면 어두운 밤하늘에 빛나는 샛별처럼 느껴질 때가 있습니다.

이 편지가 그랬습니다. 편지는 최근의 신문 기사로 시작했습니다. "눈 속의 토끼가 양으로 판명되다." 스키장 순찰대가 눈사태 난 것을 치우려고 스키 코스에 갔는데 그곳에서 양을 발견한 것입니다. 양 떼는 9월에 철수하였는데 이 불쌍한 양은 뒤에 처진 것입니다. 사람 키만큼이나 쌓인 눈 속에서 건초 더미를 찾아 먹고 목숨을 겨우 이어 가며 월동했던 것으로 보입니다.

설상차를 타고 있던 사람들이 고집 센 그 암양을 줄에 묶어 순찰 기지로 데려왔습니다. 그날 저녁 양은 감자와 시금치와 당근을 먹었습니다. 다음날 커다란 눈썰매에 실려 경사진 길을 따라 내려와 마침내 양 떼에 합류했습니다.

내 친구는 계속 썼습니다. "그 양을 생각할 때마다 멋진 그림이 연상됩니다. 썰매 위에 앉아 귀는 뒤로 펄럭이고, 주위 사람들을 넋을 잃은 채 바라보고, 빠른 속도로 산을 내려옵니다. 양의 눈은 휘둥그레집니다! 이 간단한 이야기에 충격을 받을 수밖에 없었습니다. 올해 내가 겪은 것과 비슷했기 때문입니다. 나는 그 어리석은 양처럼 산꼭대기에서 내가 찾을 수 있는 음식을 근근이 먹고 살았습니다. 내가 겨울을 나려고 파 놓은 곳에서 생존하려고 했습니다. 혼자서도 살아갈 수 있다, 혼자서도 잘해 나갈 수 있을 것이라 생각했습니다. 그러나 내 눈은 겨울이 얼마나 혹독한지를 볼 수 있는 분별력이나 감각이 없었습니다. 나는 그 양과 같습니다. 목자와 양 떼를 따라가지 않고 자기 생각을 고집하며 뒤에 처지는 경향이 있습니다. 얼어 빠진 풀을 먹고 사는 대신 당근과 시금치와 감자를 마음껏 먹을 수 있다는 사실을 모르고서 말입니다."

친구가 강조한 점이 바로 때때로 내게 필요한 것입니다. 나는 편안하고 익숙한 것에 집착하는 경향이 있습니다. 건초 더미가 떨어져 가고 목자가 다른 곳으로 가자고 할 때도 그럴 때가 있습니다. 나는 줄에 묶이는 것을 두려워합니다. 그것이 사랑의 줄임에도 그걸 깨닫지 못하고 말입니다. 잘 모르는 곳으로 썰매를 타고 가기를 두려워합니다. 경험해 보지 못한 곳으로 가는 것에 대하여 눈이 휘둥그레지고 두려워서 떱니다.

그래서 나는 주저합니다. 이런 이유로 때때로 하나님께서는 나를 원하시는 곳으로 인도하시기 위해 나를 밀며 막대기로 찌르기도 하십니다.

하나님께서는 문을 열고 함께 가자고 하십니다. 그러나 나는

제7부 나의 자원함을 칭찬하시는 하나님

"여기가 더 좋아요"라고 대답합니다.

하나님께서 나를 부르시지만, 나는 "나중에 하겠어요"라고 대답합니다.

슬프게도 이게 내 모습입니다.

아버지 하나님, 저는 주님 뒤에 처지기 싫습니다. 주님 앞으로 달려가기도 싫습니다. 주님께서 저를 불편하고 괴롭게 하신 때를 기억하고 이제는 오히려 감사를 드립니다. 제가 싫어할 때에도 저를 밀며 막대기로 찔러 주신 것에 대하여 감사드립니다. 편안한 얕은 물가에서 물장난하는 것을 그만두고 깊은 곳으로 나아가 주님의 기이함을 직접 경험하게 하소서.

나 여호와가 말하노라. 너희를 향한 나의 생각은 내가 아나니, 재앙이 아니라 곧 평안이요, 너희 장래에 소망을 주려 하는 생각이라.

예레미야 29:11

하나님의 속삭임

지금은 거울로 보는 것같이 희미하나

서부 아프리카 가나의 1986년 1월 14일이었습니다. 딱딱한 의자에 앉아 좀 더 편안하게 해 보려고 이리저리 애쓸 때 한숨이 나왔습니다. 무릎에는 노트가 펼쳐져 있었습니다. 방금 전에 쓴 글을 읽어 보았습니다.

남편이 아프다. 천장이 희고 주위는 푸른색인 조그만 방 침대에 누워 있다. 몇 분마다 남편은 눈을 뜬다. 그러나 초점이 흐리다. 수프를 몇 숟가락 먹은 후에는 완전히 지쳐서 베개로 떨어진다.

친구들은 헌신적으로 우리를 섬기고 있다. 식사를 대접하고, 병원에 데려간다. 의사들은 남편의 병이 무엇인지 잘 몰라 당황해한다.

이틀 후면 나이지리아로 떠나야 한다. 그러나 가능성은 희박하다. 가나와 나이지리아 사이에 전화를 비롯한 모든 통신이 두절되었다. 염려가 된다. 우리를 위해 세미나와 모임을 준비하고 공항에 나와 기다릴 친구들에게 어떤 말을 해야 할지 모르겠다.

그저 성경을 읽는다. "하나님이여, 나의 부르짖음을 들으시며 내 기도에 유의하소서. 내 마음이 눌릴 때에 땅끝에서부터 주께 부르짖으오리니 나보다 높은 바위에 나를 인도하소서"(시편 61:1-2).

하나님께 기도한다. "주님, 마음이 어려워집니다. 제가 주님과 동행하면 할수록 주님께서는 제게 주님을 더욱 조금밖에 설명해 주시지 않는 것처럼 보입니다. 주님께서는 그럴 필요가 없다고 생각하시기 때문이겠지요! 제 마음은 이 여행에 대해서도 주님을 신뢰합니다. 사람들이 저희에게 이 여행을 할 수 있도록 헌금해 주었습니다. 우리는 주님의 인도하심을 느꼈었습니다. 이곳에서의 가정 및 결혼에 대한 사역은 매우 중요합니다. 우리는 그들의 결혼 생활을 치료하고 돕기 위해 주님께 쓰임받기를 간절히 원했습니다.

"그런데 바로 그 여행 도중에 남편은 쓰러졌습니다. 앞으로 갈 수 없습니다. 저는 매우 혼란스럽습니다.

"그러나 하나님, 이번에는 왜라고 반문하지 않겠습니다. 단지 무엇을 여쭙고 싶습니다. 주님에 대하여 무엇을 배우기를 원하십니까? 우리가 놓치지 않도록 명확히 보여 주시옵소서.

"지금 바로 저는 충격을 받은 것처럼 주님 앞에 잠잠합니다. 마음이 흔들리고 있습니다. 제게 주님의 교훈을 명확히 보여 주시고, 새겨 주시옵소서. 기다리겠습니다."

제7부 나의 자원함을 칭찬하시는 하나님

뜨겁고 습한 공기가 몰아쳤습니다. 펜을 내려놓고 목을 가볍게 주무르고 뻐근한 근육을 풀려 했지만 잘되지 않았습니다. 다음 며칠 간을 어떻게 지낼지 걱정되었습니다.

우리가 두려워하던 것이 현실로 다가왔습니다. 친구들은 나이지리아로 연락하기 위해서 백방으로 노력했지만 전화는 고장 났고, 전신도 끊어졌으며, 미국 대사관에도 연락할 수 없었습니다. 마지막으로 런던에 있는 친구를 통해 나이지리아로 연락을 해 보려 했지만 성공하지 못했습니다. 나이지리아 친구들은 우리를 마중하기 위해 공항으로 여러 시간을 운전하여 왔습니다. 그제야 그들은 우리와 연락하기 위하여 런던에 연락을 취했고, 왜 우리가 가지 못했는지를 알게 되었습니다. (아마도 나이지리아에서 런던으로는 전화가 됐지만 다른 곳에서는 나이지리아로 연락이 불가능했던 것 같습니다!) 수양회를 연기하기에는 너무 늦었습니다. 그래서 할 수 없이 주최 측에서는 황급히 다른 사람들을 대신 강사로 세웠습니다.

며칠 뒤 남편은 야위고 창백한 모습으로 귀국 길에 올랐습니다. 우리는 둘 다 실망이 컸습니다. 절망감과 극도의 피곤함이 몰려왔습니다.

일 년 뒤에 우리는 다시 나이지리아에 갈 기회를 얻었습니다. 모두에게 이전보다 훨씬 더 좋은 기회가 되었습니다. 지난해 수양회 때 마지막 순간에 초빙되어 말씀을 전했던 친구들도 풍성한 은혜를 경험했고, 모든 참석자들도 큰 유익을 얻었습니다. 다시 한번 하나님께서는 모든 것을 완전하게 이루신다는 사실을 보여 주셨습니다. 우리가 이해하지 못할 때에도 그렇다는 것을!

하늘나라에 가게 될 때 나는 주님께 왜 그렇게 실망스럽고 좌절되는 일을 수많은 사람들에게 허락하셨는가를 여쭈어보렵니다. 주님께서 대답하실 때 나는 분명 주님의 놀라운 계획 앞에서 경이감과 놀라움을 느낄 것입니다.

그러나 지금은 어떻게 합니까? 누군가 말하기를, 인생의 대부분은 절벽 사이에 있다고 했고, 또 어떤 사람은 그리스도인의 삶은 대부분 붙잡고 매달리는 것이라고 했습니다.

우리에게 일어나는 모든 사건을 다 이해해야만 용기를 갖게 되는 것은 아닙니다. 그러나 하나님께서는 거듭해서 말씀하십니다. "너는 마음을 강하게 하고 담대히 하라. 그들을 두려워 말라. 그들 앞에서 떨지 말라. 이는 네 하나님 여호와 그가 너와 함께 행하실 것임이라. 반드시 너를 떠나지 아니하시며, 버리지 아니하시리라"(신명기 31:6).

정말… 이것으로 충분하지 않습니까?

아버지 하나님, 때때로 주님께서 인생의 순간순간마다 저와 함께하신다는 사실을 잊을 때가 있습니다. 제가 살아가는 동안 주마다, 달마다, 해마다 주님께서 저와 함께하신다는 사실은 알고 있지만, 바로 지금 이 순간에도 주님께서 저와 함께하신다는 사실은 잊을 때가 많습니다.

그래서 실수처럼 보이는 때, 계획이 바뀔 때, 일정이 취소될 때, 저는 그 시간을 지체라고 생각하며 하나님께서 제 삶을 위해 계획하신 것에서 빼어 내어 괄호를 치고 가치가 없는 시간이라고 생각할 때가 있습니다.

제7부 나의 자원함을 칭찬하시는 하나님

그러나 그러한 지체가, 취소가, 변화가, 바로 주님에 의해서 제 삶에 끼어들었음을 아나이다. 이를 기억할 수 있도록 도와주옵소서.
주님께서 매 순간 저와 함께하심을 인하여 감사드립니다. 모든 것을 인하여 찬양드립니다.

여호와여, 그러하여도 나는 주께 의지하고 말하기를
"주는 내 하나님이시라" 하였나이다.
내 시대가 주의 손에 있사오니
내 원수와 핍박하는 자의 손에서 나를 건지소서.
주의 얼굴을 주의 종에게 비취시고
주의 인자하심으로 나를 구원하소서.

시편 31:14-16

하나님의 속삭임

제7부 나의 자원함을 칭찬하시는 하나님

종의 특징

젊은 청년이 다가오더니 물었습니다. "저에게 종의 마음이 있는지 어떻게 알 수 있지요?" 예사 질문이 아니었습니다.

그보다 나이가 많은 사람이 잠시 멈추더니 대답했습니다. "당신이 종처럼 대우를 받았을 때 어떤 반응을 보이느냐를 보면 됩니다."

최근, 아무에게도 섬김을 받지 못했다고 느껴질 때 나의 반응이 어떠한가를 살펴볼 기회가 있었습니다. 공항에서부터 날씨까지, 그리고 다른 사람들까지 아무도 나를 "섬겨 주지" 않았습니다. 나는 그들 모두가 "종의 태도"라는 법조문을 어긴 것으로 느껴졌습니다.

설명을 하자면 이렇습니다.

나는 언제나 생일날은 일이 잘되어야 한다고 생각했습니다. 지난 토요일 내 생일은 세인트루이스에 비행기로 내렸을 때까지만 해도 멋있게 시작되었습니다. 그날 오후 4시까지 애틀랜타에 비행기로 도착해야 했습니다. 그곳에서 우리는 차를 빌려 채터누가까지 가기로 되어 있었습니다. 가는 도중에 생일을 기념하는 저녁 식사를 하고, 그다음 날 아침에 수양회에 참석할 계획이었습니다.

우리가 세인트루이스의 출구에 도착했을 때 큰 스피커 소리로 비행기의 출발 시간이 조금 늦어지겠으며 30분 뒤에나 새로운 소식을 알릴 테니 문에서 멀리 가지 말라는 안내 방송이 들려왔습니다. 30분 뒤에 같은 방송이 있었고, 또 30분 뒤에도… 그리고 또 30분 뒤에도 동일한 방송이 있었습니다. 마지막으로 공항에서는 그 비행기의 엔진을 교체해야 한다는 발표를 했습니다. 그래서 우리는 다른 비행기로 갈아타고 애틀랜타에 갔습니다. 그러나 애틀랜타에 심한 천둥과 번개를 동반한 폭풍이 몰아쳐서 우리는 연료가 거의 바닥날 때까지 선회 비행을 해야 했습니다. 그래서 우리는 내슈빌에 내려 연료를 다시 채웠습니다. 비행기의 에어컨이 꺼져서 매우 더웠습니다. 얼음도 없었고, 음료수도 없었습니다. 모두 참담했습니다. 수 시간 동안 땅에 정지해 있었습니다. 다시금 이륙하여 애틀랜타 공항 상공을 돌다가 밤 9시 30분이 되어서야 착륙을 했습니다.

한참 기다리다가 수화물 받는 곳으로 갔지만 짐이 없었습니다. 세인트루이스의 비행기에서 짐이 옮겨지지 않은 것입니다. 그다음 비행기의 도착 예정 시간은 밤 11시였습니다. 원래 우리가 타기로 했던 비행기였습니다. 우리는 다른 방도가 없이 기다릴 수밖에 없었습니다.

허기지고 지쳐서 그 밤중에 문을 연 한 곳으로 갔습니다. 선불을 하는 커피숍이었는데 매우 혼잡했습니다. 그곳에서 저녁을 간단하게 먹었습니다. 남편이 음식 값을 지불하느라 줄을 오래

제7부 나의 자원함을 칭찬하시는 하나님

섰기 때문에 음식이 식었습니다. 나는 이를 지켜보다가 실망이 되었습니다. 생일 저녁 식사치고는 너무하군!

밤 11시 45분이 되어서야 짐이 도착했습니다. 우리는 차를 빌려 타고 나갔습니다. 애틀랜타의 호텔에서 잠을 잔 후 아침에 채터누가로 떠날 계획이었습니다. 그러나 "빈방 없음"이라는 불빛이 곳곳에 있었고 한 시간 반을 더 빠져나가서야 방을 발견할 수 있었습니다. 새벽 두 시가 되어서야 침대로 들어갔습니다. 그러고는 4시간을 잤습니다. 수양회 장소에 간신히 우리 짐을 옮겨 놓을 여유밖엔 없었습니다. 10시 15분으로 예정된 모임 시간에 맞추어야 했기 때문입니다.

계단을 걸어 올라가 작은 우리 방으로 들어갔습니다. 에어컨도 없고 침대 시트도 없었으며, 화장실에서 쓸 타월도 없었습니다. 우리를 안내하기 위하여 배정된 사람이 하나도 없었습니다. 여러 활동이나 기도 시간이나 식사 시간에 함께해 주는 사람도 없었습니다. 며칠 동안 식사 시간에 자기들 가족과 함께하자고 하는 사람도 없었고, 어느 누구도 함께 관광을 하자고 하거나 예정되어 있는 활동에 함께 참석하자고 하지 않았습니다. 우리는 "아웃사이더"였습니다.

나는 일들이 잘되어 갈 것이라고 생각했습니다! 그러나 그렇지 못했습니다! 참으로 이상한 수양회였습니다. 그 주 내내 우리는 마치 매우 배타적인 사람들 속에서 그냥 구경하는 사람인 것 같은 느낌이 들었습니다.

그 수양회는 참석자들에게 휴가 목적으로 이루어진 것이지 영적이거나 새로운 공급을 받기 위한 것으로 보이지 않았습니다. 우리가 말씀을 전해 달라고 초청을 받을 때 들었던 말과는 전혀 다른 분위기였습니다. 하나님께서 각 사람의 마음 깊숙이 역사하시는 그런 수양회로 기대한 사람은 하나도 없었습니다. 물론 하나님께서도 역사하지 않으셨습니다. 우리에게는 그 시간들이 여러모로 실망적이었습니다. 물론 나는 괴로웠습니다.

바로 그때 종의 마음에 관한 그 말이 기억났습니다. 종의 마음이 있는지는 바로 종으로 취급받을 때 그 사람의 반응을 통해 증명된다는 것입니다. 나는 우리가 그 주 동안 여러모로 종처럼 취급받았다는 것을 깨닫게 되었습니다. 항공사는 우리를 잘 섬기지 못했습니다. 날씨 때문에 계획을 바꾸어야 했습니다. 또한 수양회에 참석했던 사람들도 우리를 섬기지 않았습니다.

종처럼 취급했습니다.

이런 내 모습을 보고 나는 속으로 쓴웃음을 지었습니다. 그리고 주님께 기도했습니다.

주님, 이게 바로 저의 모습이지 않습니까? 저는 주님의 종입니다. 이를 기억하게 하시니 감사를 드립니다. 때때로 제겐 이런 기억을 되살리는 일이 필요합니다. 제가 잊고 산 것을 용서하여 주옵소서. 그리고 제가 다른 사람과는 달리 취급되고 더 많은 것을 얻으려고 했던 것을 용서하여 주옵소서. 주님께서는 섬기셨습니다. 주님은 저의 본입니다. 제가 섬김을 받아야 한다는 생각에서 벗어나 적극적으로 섬기기를 원하는 사람으로 바뀌도록 도와주옵소서.

인자의 온 것은 섬김을 받으려 함이 아니라, 도리어 섬기려 하고 자기 목숨을 많은 사람의 대속물로 주려 함이니라.

마태복음 20:28

제7부 나의 자원함을 칭찬하시는 하나님

40
너무도 크고 놀라워서

남편과 함께 앉아서 남편이 크리스마스 선물로 주문한 새로운 랩톱 컴퓨터가 들어 있는 네모 상자를 열심히 열었습니다. 우리는 모든 프로그램 디스크와 배터리와 어댑터를 늘어놓았습니다. 마침내 사용법이 들어 있는 두꺼운 책을 꺼냈습니다.

처음으로 컴퓨터를 대하는 나는 컴퓨터 사용법과 워드 프로세서 프로그램을 배우는 데 석 달이나 걸렸습니다. (지금은 구식이 되어 버려서 누구에게 줄 수도 없는 것이지만, 당시에는 최신형에 속하는 것이었습니다.)

설명서의 첫 장을 읽고, 또 읽고, 또 읽었지만 마치 어학연수도 받지 않은 채 낯선 이국땅에 온 기분이었습니다. 알 수 있는 것이 하나도 없었습니다.

때때로 생명과 죽음에 관한 설명서인 성경을 읽을 때 그런 느낌이 들 때가 있습니다.

오늘 아침 골로새서 2:9-12을 읽으면서 나는 그리스도 안에서 충만하여졌다는 사실을 깨달았습니다. 나는 그리스도와 함께 장사한 바 되고 믿음으로 말미암아 그 안에서 함께 일으키심을 받았습니다. 속으로 생각했습니다.

"이건 참 굉장한 사실이야. 너무 놀랍고, 너무 크고…. 너무도 크고 놀라워서 쉽게 믿기지가 않을 정도야. 나로서는 이해하기가 벅차구나. 그러나 나는 그것을 믿어! 나는 하나님의 엄청난 사랑을 다 이해하지 못하고, 선하심과 광대하심도 마찬가지야. 때로는 주님의 엄하신 모습도 이해할 수 없어. 마치 전혀 다른 언어, 다른 문화, 다른 세계 같아."

나는 다시금 컴퓨터 설명서를 보고는 한숨을 지었습니다. 공부를 상당히 많이 해야 할 것처럼 보였습니다. 자신이 우둔하게 느껴졌습니다.

내가 깨달아야 하는 것은, 누군가가 굉장한 지식을 가지고 이 책을 썼다는 사실입니다. 나에겐 전혀 없는 지식입니다.

익히고 이해하려면 시간이 걸릴 것입니다. 읽고 또 읽어야 할 것입니다. 한 번에 한 발자국씩 나아가야 할 것입니다. 실수를 하기도 하고 또다시 시작해야 할 것입니다. 나보다 훨씬 많이 알고 있는 사람들에게 묻고 배워야 할 것입니다. 다시금 시도하고, 아무리 많이 알아도, 결코 다 배우지는 못할 것입니다. 그것이 가진 능력의 일부분을 사용하는 것으로 만족해야만 할 것입니다.

그러나 한 가지 알고 있는 게 있습니다. 그것은 작동한다는 사실입니다.

나는 계속 끝까지 배울 것입니다.

내가 단지 컴퓨터에 대해서만 이야기하고 있지 않다는 것을 당신도 아시겠죠?

제7부 나의 자원함을 칭찬하시는 하나님

아버지 하나님, 주님은 참으로 광대하십니다!
저는 유한하고 주님은 무한하심에도,
저는 무지하고 주님은 지혜가 충만하심에도,
저는 지식이 없고 주님은 모든 것을 아심에도,
그럼에도 불구하고 주님께서는 제가 꼭 배워야 할 것을
가르쳐 주겠다고 약속하셨으며, 제게 필요한 지혜를 주겠다고
약속하셨습니다.

이 지식이 내게 너무 기이하니
높아서 내가 능히 미치지 못하나이다.

시편 139:6

깊도다, 하나님의 지혜와 지식의 부요함이여!
그의 판단은 측량치 못할 것이며
그의 길은 찾지 못할 것이로다!

로마서 11:33

하나님의 속삭임

제7부 나의 자원함을 칭찬하시는 하나님

41
오늘 내가 한 게 뭐지?

자그마한 몸집의 여인이 옆자리에 앉더니 손으로 흰머리를 쓸어내리며 힘없이 한숨을 쉬었습니다. 얼굴에는 주름살이 패였습니다. 다 성장한 아들이 동맥경화 증세가 있음에도 혼자서 따로 살겠다고 계속 고집을 피우고 있기 때문이었습니다. 인내심을 가지고 그녀는 남편과 함께 하루에도 여러 차례 그 집을 방문했습니다. 이른 아침, 오전, 점심, 오후, 그리고 자기 전까지도. 그들은 아들을 돌보고 섬기며 식사를 준비해 주었습니다. 식사도 도와주고 목욕도 시켰습니다.

그녀는 내게 말했습니다. "어제는 너무 피곤하여 아무것도 할 수 없는 기분이었습니다. 그래서 고객들에게 전화도 하지 않고 곧바로 집으로 왔습니다."

"낮잠을 잤나요?" 나는 낮잠이 필요할 것이라 생각하고 질문했습니다.

"아니요." 잠시 멈칫거리더니 당당하게 말했습니다. "마음을 먹고 다림질을 했습니다."

나는 그녀의 기분을 이해하고는 미소를 지었습니다. 깔끔하게 다림질이 된 옷을 보면 그날 하루 동안 무엇인가 했다는 기분이 들기 마련입니다. 성취감을 갖게 합니다. 나도 전적으로 공감합니다.

그러나 감사하게도 하나님의 시야는 이와 다릅니다!

얼마 되지 않은 어느 날이었습니다. 될 수 있는 대로 빨리 가서, 식사를 준비하고, 청소를 하며, 아이들을 돌보았습니다. 아이들을 먹이고 아이들과 놀아 주었습니다. 그날 하루가 끝났을 때 나는 속으로 "오늘 내가 한 게 뭐지?"라고 생각했습니다.

그때 하나님께서는 내게 조용히 가르쳐 주셨습니다. "캐롤, 네가 이 땅에 사는 이유가 무엇이니?"

"주님을 섬기는 것입니다. 그리고 주님의 사람들을 섬기는 것입니다."

"지금까지 무엇을 하고 있었니?"

나는 잠시 생각했습니다. 새로운 통찰력이 생겼습니다. "예, 주님을 섬겼습니다. 주님의 사람들을 섬기면서 말입니다! 오늘 제가 섬긴 사람이 비록 아이들이지만요. 그리고 오늘 저는 남편도 섬겼습니다. 하루 종일 주님의 사람들을 위해 일했습니다."

"그러면 네가 이룩한 게 뭐지?" 마음에 하나님께서 물으셨습니다.

"오늘 하나님의 뜻을 이루었습니다." 나는 속삭이듯이 말씀드렸습니다.

나는 그분이 미소 짓는 것을 느낄 수 있었습니다. "바로 그게 내가 바라는 전부란다, 애야."

제7부 나의 자원함을 칭찬하시는 하나님

하나님 아버지, 제가 사소하게 보이는 필요들을 채우고 있을 때 주님의 각 자녀들이 주님께 얼마나 중요한 존재인지를 잊기가 너무도 쉽습니다. 주님께서 온유한 방법으로, 정말로 중요한 것을 제게 가르쳐 주시니 감사를 드립니다.

너희 중에는 그렇지 아니하니, 너희 중에 누구든지 크고자 하는 자는 너희를 섬기는 자가 되고, 너희 중에 누구든지 으뜸이 되고자 하는 자는 모든 사람의 종이 되어야 하리라. 인자의 온 것은 섬김을 받으려 함이 아니라, 도리어 섬기려 하고, 자기 목숨을 많은 사람의 대속물로 주려 함이니라.

마가복음 10:43-45

무슨 일을 하든지 마음을 다하여 주께 하듯 하고 사람에게 하듯 하지 말라. 이는 유업의 상을 주께 받을 줄 앎이니, 너희는 주 그리스도를 섬기느니라.

골로새서 3:23-24

하나님의 속삭임

42
붉어진 내 얼굴

"**어**머, 저런. 미안해요!" 그 통통한 여인은 심히 당황해하며 고개를 떨구고 기어들어 가는 목소리로 말했습니다. "당신이 말씀을 전하실 분인 줄 몰랐어요!"

사람들이 수양회에 모여들고 있을 때 그녀와 나는 커피를 마시며 20분 동안 대화를 나누었습니다. 나는 아주 좋은 대화였다고 생각했습니다. 그러나 지금 모임이 끝난 후 그녀는 자기를 낮추며 침이 마르도록 사과를 하고 있습니다. 왜 그렇습니까?

나는 "당신이 만약 미리 그 사실을 알았더라면 어떻게 행동했겠습니까?"라고 묻고 싶었지만, 대신에 가볍게 포옹을 하고 간단히 말했습니다. 나를 알아볼 이유가 전혀 없었으며, 심지어 관계를 맺기 위해서 내 이름표를 슬쩍이라도 쳐다볼 필요가 전혀 없었다고 했습니다. 적어도 그녀는 친절했으며, 신분을 모르는 사람에게 관심을 보인 것입니다. 나는 언제나 그 점 때문에 감사를 하고 있습니다.

어떤 젊은 여인 둘 옆에 앉았던 때를 기억합니다. 슬쩍 나를 보더니 고개를 돌리고는 그들만의 대화를 계속했습니다. 나는 그들이 낯선 나에게 간단하게라도 자신들을 소개해 주기를 간절히 원했습니다. 내가 말씀을 전하는 사람이기 때문이 아니라 – 이 사실은 그들로서는 알 길이 없습니다 – 바로 내가 혼자이기 때문입니다. 이 험한 세상에서 나도 그들과 마찬가지로 나그네이기 때문입니다. 나는 미소와 환영과 악수를 원했기 때문입니다. 나도 "평범한 여인"이기에, 의심의 여지가 없이 그곳 수양회에 참석하러 온 사람들 중에는 나와 같은 사람이 많을 것이기 때문입니다.

나는 당황스러워한 그 새로운 친구를 보면서 다시 생각해 보았습니다. 상대방이 말씀을 전하는 강사이거나 찬양 가수이거나 연주자라고 해서 관계를 맺는 데 특별한 범주에 넣을 필요는 없습니다. 야고보서 2:1을 읽을 때마다 나는 양심의 가책을 느낍니다. "내 형제들아, 영광의 주 곧 우리 주 예수 그리스도를 믿는 믿음을 너희가 받았으니, 사람을 외모로 취하지 말라." 너무도 명확합니다. 외모로 취하는 것의 비슷한 말로 편견, 차별, 선입견 등이 있습니다.

사람을 차별 대우하는 것은 누구에게도 금하신 하나님의 뜻입니다!

레위기 19장에 나오는 많은 명령 중에서 하나님께서는 특별히 이 주제에 대하여 언급하십니다. "너희는 재판할 때에 불의를 행치 말며, 가난한 자의 편을 들지 말며, 세력 있는 자라고 두호하지 말고, 공의로 사람을 재판할지며"(15절).

하지 말아야 할 두 가지 큰 것이 바로 가난한 자를 편들거나 세력 있는 자를 두둔하는 것입니다.

제7부 나의 자원함을 칭찬하시는 하나님

그리스도인인 우리도 두 가지 극단을 행할 때가 있습니다! 의도적으로 높이거나 아니면 의도적으로 낮추보고, 혹은 둘 다 행할 때도 있습니다. 예배당의 좌석에 앉아 있다가 누가 봐도 형편이 어려워 보이는 사람을 멀리서 발견하고는 만나 인사하기 위해 벌떡 일어나 사람들을 헤치고 나아갈 만큼 민감한 마음을 가지고 있기도 하지만, 반면에 보통의 평범한 사람을 볼 때에는 본체만체도 하지 않는 사람이 있습니까? 이런 사람은 정반대로 차별하는 모습을 보이는 것입니다.

그러나 우리 대부분은 반대로 잘못을 범합니다. 우리는 우리 중에 있는 평범한 사람을 대할 때보다 좀 더 지위나 학식이나 부가 있는 사람을 대할 때는 조금 더 특별하게 대우하는 경향이 있습니다. 지위가 있는 사람에게는 부드럽게 미소를 띠고 친절함을 보입니다. 그러나 별로 대단한 사람이 아닌 경우엔 무시하고 맙니다. 아름답게 옷을 차려 입은 사람은 친절하게 대접하고, 조금 천하게 옷을 입은 사람이 교회 문을 들어서면 별로 편치 못함을 느낍니다.

교양 있는 영어를 쓰는 사람은 재빨리 받아들이지만 정통 영어 발음이 아닌 사람은 만나기를 꺼립니다.

가슴에 "박사"라고 붙인 사람의 말에는 경청하지만, 교육을 받지 못하고 미개해 보이는 사람이 말하는 것은 잘 참고 듣지 못합니다.

그리고 재력의 힘도 놀랍습니다! 내가 어떻게 알게 되었는지 설명해 보겠습니다.

남편과 나는 샌디에이고의 음식점에서 나오고 있었습니다. 하얀색의 멋진 리무진 차가 정문에 주차해 있었고, 운전기사는 지루해하며 창밖을 보고 있었습니다. 농담 삼아 남편이 말했습니다. "우리 호텔까지 갈 수 있겠습니까?" 운전기사는 잠시 당황한 빛을 띠며 머뭇머뭇하더니 미소를 지으며 더듬는 말투로 말했습니다. "타십시오!"

이제는 우리가 당황하며 말을 더듬을 차례가 되었습니다. 그러나 운전기사는 자기가 이제 두 번째 운전하는 것이기 때문에 경험이 필요하다고 했습니다. 결국 우리는 그날 밤 샌디에이고 시내에서 예정에도 없는 '짧은 고급 관광'을 하게 되었습니다.

마침내 호텔에 가까이 왔을 때 운전기사는 "직접 내리지 마세요. 제가 손님들을 위해 문을 열어 드리는 연습을 해야 하거든요"라고 말했습니다.

나는 웃으며 말했습니다. "절대로 그럴 기회가 없을 거예요!"

물론이었습니다. 호텔의 두 도어맨이 서로 경쟁적으로 달려와서 리무진 차의 문을 열어 주려고 했기 때문입니다! 이전에 우리가 구형 모델의 먼지 덮인 차를 타고 왔을 때와는 전혀 예상할 수 없었던 대접이었습니다.

이것이 바로 차별 대우를 생생하게 보여 주는 예입니다. 도어맨이 그럴 때는 웃을 수도 있지만, 성경에 의하면 하나님께서는 그런 대우는 미워하십니다.

주님, 제가 주님의 몸에 속한 사람들을 차별 대우하지 않도록 도와주소서. 주님께서 특별히 대우하라고 한 사람들에게는 주의를 기울이겠지만 – 예를 들면, 연로하신 분들 – 그러나 주님의 몸 안에 있는 모든 가족들에게는 똑같이 존경과 칭찬과 높이는 태도를 보이겠습니다. 낯모르는 사람에게도 친구로 대할 수 있도록

제7부 나의 자원함을 칭찬하시는 하나님

도와주소서. 제가 말씀을 전하는 강사나 전문가들과 어울릴 때, 보통의 다른 사람들과 어울릴 때와 동일한 태도를 갖도록 하는 면에 깨어 있게 하시고, 보통 사람들과 어울릴 때는 강사와 어울릴 때의 태도를 기억하게 하소서.

주님께서 차별을 두지 말라고 하신 계명에 민감하게 행할 수 있도록 도와주소서.

제가 그렇게 되도록 하소서!

너희가 진리를 순종함으로 너희 영혼을 깨끗하게 하여, 거짓이 없이 형제를 사랑하기에 이르렀으니, 마음으로 뜨겁게 피차 사랑하라. 너희가 거듭난 것이 썩어질 씨로 된 것이 아니요 썩지 아니할 씨로 된 것이니, 하나님의 살아 있고 항상 있는 말씀으로 되었느니라.

베드로전서 1:22-23

끝맺는 말

여호와여, 주는 나의 하나님이시라.
내가 주를 높이고 주의 이름을 찬송하오리니
주는 기사를 옛적의 정하신 뜻대로
성실함과 진실함으로 행하셨음이라.
이사야 25:1

하나님의 속삭임

끝맺는 말

43
봄을 즐길 자격이 없어요

살이 따스하게 얼굴에 내리쬐고 있었습니다. 남편과 나는 점심 식사를 하고 있었습니다. 남편은 햄버거를, 나는 치킨 샐러드가 든 피타포켓을 꼭꼭 씹어 먹고 있었습니다. 우리는 앞에 펼쳐진 광경을 보고 만족감에 젖어 크게 숨을 쉬었습니다. 새로이 제정된 노동절이었습니다. 하얗게 눈 덮인 파이크스봉이 파란 콜로라도의 하늘 속에 우뚝 솟아 있었고, 가드 공원의 바위가 붉게 물들며 마치 테를 두르듯이 봉우리를 둘러싸고 있었습니다. 남편은 나를 바라다보며 웃더니 "나는 이 숨 막히게 아름다운 광경을 즐길 자격이 없어!"라고 말했습니다.

나는 "저도 없어요!"라고 응답했습니다.

다음날 나는 세런디퍼티("운수 좋은 뜻밖의 발견"이란 뜻임) 거리를 걸었습니다. 믿어지지 않을지 모르지만, 그 거리는 이름 그대로였습니다. 정말 운수 좋은 뜻밖의 발견이었습니다. 라일락의 향기와 꽃이 만발한 나무들과 멀리 보이는 산 가장자리의 신선함이 멋지게 조화되어 완벽하고도 눈부신 날을 연출하고 있었습니다. 마음속으로 나는 두 팔을 높이 들어 내 주위에 있는 모든 것들을 감싸 안았습니다. 그러고는 속삭이듯이 말했습니다. "솔직히 말해서 저는 이 봄을 즐길 자격이 없어요!"

사실입니다. 만약 내가 받을 자격이 있는 것만 받는다면 그것은 항상 가장 황량하고, 침울하며, 어둡고, 차디찬 겨울과 같은 것일 것입니다.

나는 하늘로 마음을 향했습니다. 그러고는 주님께 말씀드렸습니다. "하나님 아버지, 제가 받을 만한 것만 주시지는 않으니 감사를 드립니다. 그 대신에 하나님 아버지의 은혜와 긍휼을 따라 아름다움과 용서와 사랑과 힘과 소망을 주시며… 나아가 봄을 주시니 감사를 드립니다."

봄은 또 다른 형태로 하나님께서 내게 사랑을 속삭이시는 통로가 됩니다.

나는 힘차게 외쳤습니다. "주님을 찬양합니다!"

하나님 아버지, 주님께서는 저의 매 순간, 날마다, 그리고 해마다 주님의 사랑을 제게 속삭여 주셨습니다. 평범하게 지나가는 저의 나날들 속에서뿐만 아니라 특별한 일들 속에서도 주님의 모습을 제게 드러내어 주셨습니다. 제가 희망이 없고, 공허하고, 열매가 없을 때도 주님께서는 주님의 기이함을 저의 상황을 통해 드러내어 주셨으며, 제가 감사와 찬양이 흘러넘칠 때도 주님의 기이함을 증명하여 주셨습니다.

주님께서는 매 순간마다 제게 사랑을 속삭이고 계십니다.

끝맺는 말

오, 주님, 장차 올 장래에도… 그리고 제가 이 땅을 떠나야 할 순간에도 주님의 음성을 잘 들을 수 있도록 도와주옵소서!

여호와께서 가라사대, "너는 나가서 여호와의 앞에서 산에 섰으라" 하시더니, 여호와께서 지나가시는데, 여호와의 앞에 크고 강한 바람이 산을 가르고 바위를 부수나 바람 가운데 여호와께서 계시지 아니하며, 바람 후에 지진이 있으나 지진 가운데도 여호와께서 계시지 아니하며, 또 지진 후에 불이 있으나 불 가운데도 여호와께서 계시지 아니하더니, 불 후에 세미한 소리가 있는지라.

열왕기상 19:11-12

우리의 죄를 따라 처치하지 아니하시며,
우리의 죄악을 따라 갚지 아니하셨으니,
이는 하늘이 땅에서 높음같이
그를 경외하는 자에게 그 인자하심이 크심이로다.

시편 103:10-11

하나님의 속삭임

1996년 5월 20일 초판 1쇄 발행
2022년 8월 5일 개정 1쇄 발행

펴낸곳: 네비게이토 출판사 ⓒ
주소: 03784 서울시 서대문구 연희로 16 (창천동)
전화: 334-3305(대표), 334-3037(주문), FAX: 334-3119
홈페이지: http://navpress.co.kr
출판등록: 제10-111호(1973년 3월 12일)
ISBN 978-89-375-0634-5 03230

본 출판사의 서면 허락 없이는 본서의 전부 또는
일부의 무단 복제, 또는 원문에 대한 무단 번역을 금합니다.